Jean **MONTAGNE**

LE CAPITAL

I. — Qu'est-ce que le CAPITAL ? Critique de la définition classique. — Recherche d'une définition satisfaisante.

II. — Théorie de l'intérêt des capitaux proprement dits.

III. Théorie de l'intérêt des capitaux à titre individuel.

IV. — Critique des théories de l'intérêt jusqu'ici proposées :

Réfutation de la théorie de la Productivité.

Réfutation de la théorie Psychologique.

Réfutation de la théorie du Loyer.

Réfutation de la théorie de Karl Marx.

V. Conclusions.

Albin MICHEL, Éditeur, 22, rue Huyghens, PARIS

LE CAPITAL

Jean **MONTAGNE**

LE CAPITAL

Qu'est-ce que le Capital ?

Théorie de l'intérêt des capitaux proprements dits

Théorie de l'intérêt des capitaux à titre individuel

Critique des théories de l'intérêt jusqu'ici proposées

Conclusions

ALBIN MICHEL, Éditeur, 22, rue Huyghens, PARIS

AVANT-PROPOS

La guerre avait occasionné une trêve dans la lutte des classes ; la paix est à peine signée qu'elle semble devoir reprendre avec plus d'acharnement que jamais. Deux stimulants nouveaux — le bolchevisme et la vie chère — sont capables, si l'on n'y met bon ordre, d'entraîner à brève échéance l'écroulement de tout notre édifice social. Il est donc grand temps de s'inquiéter de savoir ce qu'il y a au fond du conflit qui oppose les travailleurs aux capitalistes, et, dans ce but, de rechercher quelle est la revendication fondamentale des travailleurs qui s'y sont attribué l'offensive.

Se réclamant de la doctrine économique de Karl Marx, d'après laquelle, seul, le travail serait producteur, les travailleurs en déduisent que l'intérêt du capital ne peut qu'être prélevé sur la part de production issue d'un travail quelconque, part qui devrait intégralement revenir à ceux qui accomplirent ce travail. Dès lors, le principal but qu'ils visent, fût-ce d'une façon détournée, c'est la suppression de cet intérêt dont les capitalistes bénéficient sans avoir à fournir le moindre travail et qu'ils s'imaginent être prélevé sur la part de production qui leur est due, à eux travailleurs.

C'est donc la question de l'intérêt du capital ou, plus vulgairement, la question du prêt à intérêt qui domine toute la question sociale, à tel point qu'en 1850 déjà, Proudhon affirmait : « Ma pierre philosophale, c'est la gratuité du crédit ; si je me trompe là-dessus, le socialisme n'est qu'un vain mot. »

En quoi consiste donc au juste cette fameuse question de l'intérêt du capital ?

Chacun sait que, dans les conditions économiques actuelles, tout capital rapporte, sous le nom d'intérêt, des revenus que son possesseur n'a que la peine d'encaisser. L'arithmétique nous fournit la formule qui permet de calculer l'intérêt qu'un capital rapportera à un taux et en un temps donnés.

Au point de vue économique, le problème, tout différent, consiste à rechercher la raison d'être de cet intérêt, c'est-à-dire les causes nécessaires et suffisantes pour déterminer à la fois et l'exigence de ceux qui le touchent et surtout le consentement de ceux qui le payent ; il s'agit ensuite, — et c'est peut-être là le côté le plus important du problème — de découvrir la véritable provenance de cet intérêt.

C'est ainsi que le problème se pose. Voyons où nous en sommes actuellement en ce qui concerne sa solution.

Si, pour vous en rendre compte, vous consultez les traités d'économie politique classiques publiés à l'intention des étudiants en droit, — et c'est ce genre d'ouvrage qui est le mieux qualifié pour vous donner un aperçu fidèle de ce qu'actuellement on en connaît — vous y constaterez que quatre théories, qui constituent autant de solutions approchées, lui ont été jusqu'ici proposées ; j'aurai l'occasion de les analyser et de les critiquer au cours de cette étude.

Les auteurs des traités classiques exposent ces

quatre théories et font suivre chacune de critiques et d'objections qui prouvent bien qu'aucune ne les satisfait. Mais, comme ils ne proposent pas d'explication meilleure, ils laissent le problème sans solution.

Dès lors, celui qui veut se faire une opinion sur cette question n'a pas d'autre alternative que :

Ou bien de choisir l'une des quatre solutions approchées qui lui sont seulement proposées et de s'en contenter faute de mieux ; dans ce cas, une préférence d'ordre sentimental peut seule décider de son choix, car les objections opposées à chacune sont d'importance égale ;

Ou bien de glaner dans toutes les quatre et de prendre un peu de chacune pour constituer une sorte de théorie-macédoine, ce à quoi il est d'ailleurs invité, sous prétexte que chaque théorie, parmi beaucoup d'inexactitudes, contiendrait une parcelle de vérité ;

Ou bien enfin de se résoudre à chercher lui-même la véritable solution qui ne lui est pas fournie.

Ce fut à cette dernière détermination que je m'arrêtai, lorsque, il y a pas mal d'années, je voulus moi-même me faire une opinion sur cette question de l'intérêt du capital, qui, je m'empresse de l'ajouter, n'a pas fait un seul pas en avant depuis lors. Je pensai, et pense encore, qu'une théorie, fût-elle économique, ne peut pas être à demi satisfaisante, mais qu'elle est exacte ou inexacte sans qu'il puisse y avoir de milieu ; je refusai d'admettre ce préjugé d'après lequel les problèmes économiques seraient trop complexes pour pouvoir être résolus comme les problèmes mathématiques par voie de démonstration, prétexte commode pour qui veut imputer à une prétendue impossibilité scientifique l'insuccès de ses propres efforts.

Je n'hésitai donc pas à m'attaquer à ce problème, sans autre guide que l'importance que j'attachais à la découverte de sa solution.

Mais mes recherches furent singulièrement facilitées par des circonstances professionnelles : au cours d'une longue carrière coloniale, j'eus l'occasion de séjourner parmi des peuples tout à fait primitifs, puis parmi d'autres un peu plus civilisés, ensuite chez d'autres d'une civilisation encore plus avancée, mais pourtant moins compliquée que la nôtre, que j'eus naturellement l'occasion de connaître aussi.

Chez les premiers, je pus observer ce que dut

être notre système économique à son extrême origine, dégagé des innombrables complications qui l'obscurcissent aujourd'hui. Je pus y aborder le problème de l'intérêt du capital — car il y existait déjà — dans toute sa simplicité originelle, dans un milieu où tout était réduit à l'indispensable, c'est-à-dire à l'essentiel qui, par conséquent, y était immédiatement apparent. Je n'eus pas grand mérite dans ces conditions à en trouver la solution.

Cette solution une fois trouvée, j'eus l'occasion d'en vérifier l'exactitude dans d'autres sociétés, chacune un peu plus avancée que la précédente. J'y constatai l'entrée en ligne de complications successives qui intervenaient les unes après les autres, élevant progressivement les difficultés du problème. Mais, en ayant trouvé la solution de principe, je n'eus pas grand mal à la suivre au fur et à mesure qu'elle se compliquait. Tenant le fil, je ne l'ai plus lâché.

Ces déplacements dans l'espace me placèrent dans les mêmes conditions que si, par le simple coup d'une baguette de fée, j'avais pu réaliser ce déplacement dans le temps qui m'aurait ramené à l'extrême origine de notre organisation économique pour me reconduire ensuite, degré par degré, dans notre cadre économique actuel.

Or l'avantage était appréciable surtout en matière d'économie politique : au contraire de presque toutes les autres sciences dont les débuts remontent à la plus haute antiquité et dont les premiers principes furent abordés dans toute leur simplicité initiale, l'économie politique est de naissance relativement récente ; son retard sur les autres sciences tient précisément, à mon avis, aux difficultés qu'on éprouva à dégager ses premiers principes de l'infinité de complications qui, dès le début, les dissimulaient.

** **

Après avoir aussi sincèrement avoué à quel point je fus favorisé par les circonstances, je pense avoir le droit de déclarer, sans fausse modestie, que je crois avoir trouvé la véritable solution de ce fameux problème de l'intérêt du capital, qui m'aurait certainement échappé si je l'avais abordé dans notre cadre économique moderne, où les notions les plus simples ne peuvent être dégagées d'une foule de complications dont il est pratiquement impossible de faire complète-

ment abstraction. C'est cette difficulté d'abstraction que mes séjours parmi des peuples primitifs m'ont épargnée.

Cette étude aura donc pour objet le développement et la discussion d'une théorie de l'intérêt
du capital, solution nouvelle au plus ancien
des problèmes ; j'aurai également l'occasion d'y
réfuter toutes les solutions approchées qui lui
furent jusqu'à ce jour proposées.

Je demande au lecteur d'en entreprendre la
lecture en faisant abstraction de toute idée pré-
conçue, en oubliant tout ce qu'il sait ou croit
savoir de cette question de l'intérêt du capital.
Il y parviendra d'autant plus facilement que ses
connaissances à ce sujet seront moins étendues ;
et ceci m'amène à désigner la catégorie de lecteurs que je désirerais particulièrement atteindre
et convaincre.

Bien que je désire vivement obtenir l'appro-
bation des économistes, ce n'est pas précisément
à eux que cette étude s'adresse. Il me serait trop
difficile de les convaincre, car, ayant passé
toute leur vie à professer, tout en les critiquant,
les idées classiques en la matière, je ne crois pas
qu'il leur soit désormais possible d'en faire complètement abstraction ainsi qu'ils le devraient

...ependant pour se refaire une opinion en toute indépendance d'esprit. Je destine plutôt cette étude aux personnes cultivées qui, bien que ne s'étant jamais spécialisées dans l'étude des questions économiques, s'y intéressent pourtant. C'est cette catégorie de lecteurs, de plus en plus nombreuse, que je désirerais convaincre.

Le sujet étant assez ardu par lui-même, je n'ose promettre que la lecture de cette étude sera attrayante. Je compte cependant qu'elle intéressera le lecteur grâce à l'importance considérable de cette question de l'intérêt du capital, qui, je : répète, domine toute la question sociale placée elle-même, par la menace du bolchevisme, au premier rang des questions d'actualité.

Car si la principale revendication des travailleurs semble surtout viser des augmentations de salaire, ce qui stimule leur exigence à ce point de vue, c'est qu'ils pensent que les augmentations qu'ils réclament peuvent, sans inconvénient, être prélevées sur l'intérêt du capital. Ils ne comprenent en effet pas pourquoi le fait de posséder un capital suffirait à donner le droit de bénéficier perpétuellement de revenus périodiques, sans avoir à fournir le moindre travail. Et si l'on veut bien considérer que nombreux sont les capitalistes qui avouent ne pas le comprendre davantage, il faut reconnaître qu'ils sont en partie excusables.

La théorie de Karl Marx qui a séduit la classe ouvrière prétend que l'intérêt du capital est indûment prélevé sur la part de production issue du travail qui devrait, intégralement, revenir aux travailleurs ; si cette théorie est inexacte, elle n'a jamais été définitivement réfutée et les autres théories qu'on lui oppose, qui ne sont d'ailleurs véritablement connues que d'une très rare élite, ne lui sont pas sensiblement supérieures.

La lutte sociale, si inquiétante, repose donc uniquement sur un malentendu qui se prolongera aussi longtemps qu'une solution définitive et concluante n'aura pas été trouvée au problème de l'intérêt du capital.

C'est ce malentendu angoissant que je désirerais dissiper ; la tâche est belle, je m'efforcerai de la remplir de mon mieux.

Paris, le 15 octobre 1910.

LE CAPITAL

PREMIÈRE PARTIE

QU'EST-CE QUE LE CAPITAL ?

*Critique de la définition classique. — Recherche
d'une définition satisfaisante.*

CHAPITRE PREMIER

La notion de capital est la notion la moins
nette de toute l'économie politique.

J'en vois la principale cause dans ce fait que
les économistes dont les opinions ont cours à
l'époque actuelle nous en fournissent non pas
une idée unique, mais bien deux idées successives et deux idées qui ne peuvent absolument
pas se concilier.

La première idée du capital, ils nous la donnent quand ils nous affirment que l'ensemble de

la production est dû à l'action de trois facteurs distincts : *Nature*, *Travail* et *Capital*. C'est là une opinion admise par les économistes de toutes les écoles, à l'exception des socialistes.

En nous présentant ainsi le capital comme un facteur de la production distinct du facteur travail, ils attribuent implicitement à ce capital, qu'ils considèrent comme un facteur indépendant, une action propre, de telle sorte qu'à les entendre, on devrait pouvoir discerner, dans l'ensemble de la production, la part qui résulte du facteur capital de celle qui provient du facteur travail. Cette idée, qui ne peut guère être entendue autrement, attribue donc au capital une caractéristique — la *productivité* — d'une importance telle, que le seul fait de la lui attribuer a toute la valeur d'une première définition.

La deuxième idée du capital, les économistes nous la donnent quand ils le définissent :

D'après la définition le plus souvent donnée, est capital « toute richesse employée à produire d'autres richesses » ; c'est la définition classique.

Elle manque de netteté au point de ne pas permettre de distinguer les richesses qui sont des capitaux de celles qui ne sont pas des capitaux,

et cela de l'aveu même des économistes qui nous
la fournissent. En effet, pour la grande généralité des richesses, les intentions.de leur possesseur, en décidant de leur emploi, détermine-
raient seules si elles sont ou ne sont pas des capitaux, puisque, par définition, toute richesse deviendrait un capital dès qu'elle serait employée
à produire d'autres richesses. Ainsi le même
charbon qui serait capital si je le brûle dans
mon usine, ne le serait plus si je l'emploie à me
chauffer ou à cuire mes aliments.

En ce qui concerne les richesses qui sont
encore chez le marchand, où elles attendent un
acheteur, on ne saurait dire si elles sont ou ne
sont pas des capitaux, car on ignore absolument
l'usage auquel cet acheteur les destinera.

Deux catégories de richesses seulement, en
raison de l'usage auquel elles sont destinées, et
dont on ne peut guère les détourner, répon-
draient d'une façon à peu près constante à cette
définition du capital qui, manifestement, les a
visées d'une manière toute spéciale ; ce sont :
1° les outils et les machines ; 2° les matières
premières.

Mais les outils et les machines, qui seraient
ainsi un des types par excellence du capital, ne

répondent pas du tout à l'autre idée également classique, d'après laquelle le capital serait un facteur de la production distinct du facteur travail qui en serait un autre. En effet, nul ne peut nier qu'un marteau, manié par un ouvrier, n'est qu'une masse de matière inerte, et tout outil est plus ou moins assimilable à un marteau. Ce n'est pas l'outil qui produit, mais bien le travail de l'homme qui manie l'outil.

En dépit des apparences, il en est absolument de même en ce qui concerne les machines qui, toutes, nécessitent le concours du travail de l'homme, d'abord pour les mettre en action et ensuite pour les diriger ou, tout au moins, pour les surveiller.

De plus, un outil, une machine ne sont eux-mêmes que des produits du travail humain, de sorte que, même qu'ils pouvaient travailler tout seuls, leurs produits n'en seraient pas moins des *sous-produits du travail* qui resterait encore ici le seul facteur originaire à retenir. Il est inexact d'attribuer à la machine et à l'outil la paternité de produits qui ne sont que les produits d'un travail, accompli avec l'aide d'une machine ou d'un outil sans doute, mais avec l'aide d'une machine ou d'un outil qui ne sont eux-mêmes que des produits du travail. Si on voulait raisonner la reconstitution synthétique d'une production quelconque, obtenue à l'aide d'un outil ou d'une machine, à aucun moment de cette reconstitution, il ne serait nécessaire de faire intervenir d'autres facteurs originaires que la nature qui nous fournit toutes les matières premières proprement dites et le travail dont l'intervention est à la fois nécessaire et suffisante d'abord pour récolter ces matières premières et ensuite pour produire avec elles aussi bien la machine et l'outil que les richesses ouvrées avec leur aide. La machine et l'outil ne répondent donc pas du tout à l'idée d'un capital intervenant dans la production comme un facteur distinct du travail, sans lequel ils ne peuvent rien, *pas même être*.

C'est d'ailleurs un point sur lequel je compte revenir quand je discuterai la théorie de la productivité qui, la première, lança cette idée de considérer les outils et les machines comme des objets doués d'une productivité propre qui se surajouterait à la productivité distincte du travail.

La deuxième catégorie de richesses auxquelles la définition classique du capital s'appliquerait d'une manière à peu près constante, comprend toutes les *matières premières* entendues dans un sens très large, car les économistes considèrent comme telles non seulement les matières premières proprement dites, c'est-à-dire celles n'ayant encore subi aucune transformation, mais encore celles qui, ayant déjà subi une ou plusieurs modifications, ne sont pas encore parvenues à leur état d'achèvement définitif. D'après leurs propres termes, toute richesse en voie de transformation, toute richesse *intermédiaire*, en un mot toute richesse *inachevée* serait une matière première et partant un capital.

Si les matières premières ainsi entendues répondent à la définition classique du capital, — toute richesse employée à produire d'autres richessses, — il est absolument évident qu'elles répondent moins encore que les outils et les machines à l'autre idée également classique, d'après laquelle le capital serait un facteur indépendant, intervenant dans la production pour son propre compte et dont l'action se surajouterait à celle du facteur travail.

En outre, tous les économistes sont d'accord pour voir dans la qualité de capital une qualité supplémentaire qui, dans certains cas, s'ajouterait à la qualité de richesse ; car si, d'après leur propre définition, tout capital est richesse, par contre toute richesse ne serait pas capital. Les capitaux seraient donc des richesses d'une espèce supérieure, puisqu'en plus de la qualité de richesse dont ils jouissent au même titre que toutes les autres, ils jouiraient par surcroît de la qualité de capital.

Or, pour ma part, je me refuse à admettre qu'une richesse *inachevée* se distingue de la même richesse *achevée* par une supériorité d'ordre économique. C'est même le contraire qui me paraît absolument évident. La satisfaction d'un besoin humain étant le but, la fin de toute richesse, une richesse achevée qui, telle quelle, peut servir immédiatement à satisfaire un besoin humain, a, à mon avis, plus de qualités d'ordre économique qu'une richesse inachevée qui ne pourra servir à satisfaire ce même besoin qu'après avoir subi une ou plusieurs modifications.

** **

Ainsi la définition classique du capital — toute richesse employée à produire d'autres richesses — est doublement défectueuse.

D'abord elle ne permet pas, dans la grande généralité des cas, de distinguer ce qui est capital de ce qui ne l'est pas et c'est là, on en conviendra, un défaut rédhibitoire pour une définition dont le but est précisément de caractériser nettement l'objet défini.

Ensuite, si on considère comme capitaux les seules richesses auxquelles cette définition s'applique d'une manière à peu près constante, le capital ne répondrait plus à l'idée que s'en font presque tous les économistes quand ils nous le présentent comme un facteur de la production distinct du facteur travail qu'ils retiennent aussi.

CHAPITRE II

A défaut d'une définition satisfaisante, la signification du mot capital dans le langage courant nous aidera peut-être à en trouver une. Le gros bon sens populaire entend par capital : toute richesse qui procure des revenus *à son possesseur, indépendamment du travail de ce possesseur.* Ainsi une maison de rapport, un titre de rente sont couramment dénommés capitaux parce que le fait de les posséder suffit pour bénéficier, sans travail aucun, de revenus périodiques qu'on n'a que la peine d'encaisser.

Procurer des revenus obtenus sans travail, c'est là, on en conviendra, une propriété assez caractéristique pour justifier l'emploi d'une dénomination spéciale applicable aux seules richesses qui en jouissent.

Mais il est aisé de se rendre compte que, dans le cas des capitaux que je viens de citer, cette propriété de procurer des revenus sans travail, dans laquelle l'opinion populaire voit la caractéristique du capital, n'existe que relativement au possesseur, c'est-à-dire à un point de vue essentiellement individuel, mais qu'elle n'existe nullement au point de vue absolu, c'est-à-dire relativement à l'ensemble de la société. En effet, si les revenus d'une maison de rapport, d'un titre de rente n'exigent aucun travail personnel de la part de celui qui les touche, ils n'en semblent pas moins devoir être généralement prélevés sur les produits du travail de celui qui les verse. Donc, en ce qui concerne ces capitaux, cette propriété caractéristique de procurer des revenus sans travail n'est vraie qu'au point de vue individuel du possesseur, mais elle ne l'est

plus dans le sens absolu, c'est-à-dire relativement à l'ensemble de la société.

Or, le point de vue individuel est un point de
vue qui peut convenir à l'économie domestique
ou privée, mais l'économie politique qui s'inti-
tule science sociale, a, comme telle, le devoir
d'envisager surtout le point de vue de l'ensemble
de la société. Pour transposer cette notion du
capital, telle qu'elle résulte de la définition courante, du langage de l'économie domestique ou
privée dans celui de l'économie politique, il faudrait rectifier ainsi sa définition :

Est capital toute richesse qui procure des revenus *à la société* indépendamment du travail de
la *société*, c'est-à-dire indépendamment de tout
travail humain.

Cette définition a l'incontestable mérite de
nous fournir du capital une notion bien nette ;
mais reste à savoir s'il existe des richesses auxquelles elle s'applique.

Pour qu'une richesse procure des revenus indépendamment de tout travail humain, il faut,
de toute nécessité, qu'elle les produise elle-
même.

Or, justement dans l'ensemble des richesses
existantes, une catégorie, tout au moins, jouit

incontestablement de cette propriété de produire, même indépendamment de tout travail humain : ce sont les richesses vivantes, c'est-à-dire toutes celles appartenant tant au règne végétal qu'au règne animal.

En effet, dans un troupeau de bétail, par exemple, avec le temps l'effectif augmente et chaque bête atteint peu à peu son plein développement, tout cela, sans que l'intervention du travail humain soit indispensable. C'est ce qu'on peut constater, même de nos jours, notamment en Nouvelle-Calédonie, où de nombreux éleveurs laissent leur bétail vivre en liberté à sa guise, sans lui consacrer le moindre travail, abandonnant même à la nature le soin de pourvoir à sa subsistance, car les pâturages n'y sont généralement pas travaillés. On compte néanmoins que, dans des troupeaux aussi complètement livrés à eux-mêmes, chaque bête se développe normalement et que le nombre de têtes s'accroît selon une progression géométrique.

Cette production obtenue sans travail, qui se manifeste à la fois et par la croissance de chaque bête et par l'accroissement de l'effectif du troupeau, est due uniquement à la propre fécondité du bétail qui jouit de la propriété naturelle de

croître et de se multiplier automatiquement.
C'est à cette fécondité naturelle que, sans s'en
rendre suffisamment compte, l'industrie de l'élevage est redevable d'une part importante de ses
profits. En effet, le travail de l'éleveur, quand il
intervient — car l'exemple que je viens de citer
prouve par le fait qu'il n'intervient pas nécessairement — ne fait que favoriser et développer
une production dont tout le mérite ne lui revient
pas puisque, fût-ce inférieure, on la constate
même en dehors de son intervention.

*
* *

La même constatation peut se faire dans le
règne végétal, pourvu qu'on veuille bien faire
abstraction des complications artificielles de
l'agriculture moderne.

Un fruit savoureux, tombant d'un arbre sur le
sol, peut très bien, sans qu'on lui accorde aucun
soin, c'est-à-dire sans travail, donner naissance
à un arbre qui, au bout d'un certain temps, produira à son tour un grand nombre de fruits.
Tous les coloniaux savent bien qu'il existe, dans
la brousse, une quantité de goyaviers et de man-

guiers qui proviennent ainsi d'un simple fruit tombé.

Voici donc un fruit, c'est-à-dire une richesse, qui, sans travail aucun, en aura produit plusieurs, et cette production est due uniquement à la fécondité naturelle du fruit initial qui « contient un germe vivant ». C'est encore à cette fécondité naturelle, que, sans s'en rendre suffisamment compte, l'industrie agricole est redevable d'une part importante de ses profits, car, ici aussi, le travail du cultivateur, qui n'intervient pas nécessairement, ne fait que favoriser et développer une production dont on lui attribue arbitrairement tout le mérite.

Je sais bien qu'à notre époque et dans nos pays, le travail de l'éleveur ou du cultivateur intervient toujours dans la normale ; mais il est bien évident que toute la production des industries pastorale et agricole ne provient pas uniquement de ce travail fourni ; une part de cette production est incontestablement due à la fécondité de l'animal ou de la plante, tous deux doués de la propriété naturelle de croître et de se multiplier automatiquement. J'en vois une preuve concluante dans cette constatation que les *espèces animales et végétales nuisibles croissent et se multiplient comme les autres, non seulement sans l'aide du travail humain, mais encore malgré toute la peine que l'homme prend pour les faire disparaître.*

** * **

Donc toutes les richesses vivantes, animales ou végétales, sont productives par elles-mêmes, c'est-à-dire indépendamment du travail de l'homme.

D'autre part, il est bien évident aussi que les richesses vivantes sont seules capables de produire quelque chose par elles-mêmes. « Non seulement un sac d'écus n'a jamais produit un écu, comme l'avait déjà remarqué Aristote, mais un ballot de laine ou une tonne de fer n'ont jamais produit un flocon de laine ou un atome de fer » (1). La même incapacité est commune à toutes les richesses non vivantes sans aucune exception.

Indépendamment même de la notion populaire du capital, par laquelle je me suis jusqu'ici laissé guider, cette faculté de produire sans tra-

______

(1) GIDE, *Principes d'Économie politique.*

vail humain, particulière aux richesses vivantes, est vraiment caractéristique et assez importante au point de vue économique pour justifier l'emploi d'une appellation spéciale applicable aux seules richesses qui en jouissent. Or,
on dispose précisément pour cette appellation
nécessaire d'un mot tout trouvé que son origine
étymologique désigne : c'est le mot « capital »
qui dérive de « caput » (tête) et n'est qu'une dé-
formation du mot « cheptel » qui, en vieux
français, signifiait le troupeau.

Il est donc rationnel, au double point de vue
de la logique et de l'étymologie, de réserver le
mot « capital », *dans son sens absolu*, pour caractériser les richesses vivantes, seules productives par elles-mêmes, et les différencier des richesses non vivantes qui, par elles-mêmes, sont
formellement incapables de produire quoi que
ce soit. C'est conforme à la signification du mot
« capital » dans le langage courant, puisque je
n'ai fait rien autre que la transposer du point de
vue individuel, qui est celui de l'économie domestique ou privée, dans le point de vue de l'ensemble de la société qui, seul, convient réellement à l'économie politique. C'est également
conforme à l'idée que se font du capital presque

tous les économistes quand ils nous le présentent comme un facteur de la production dont l'action se surajoute à celle du facteur travail qu'ils retiennent aussi ; car dans la multiplication des richesses vivantes on discerne parfaitement deux parts bien distinctes : l'une provenant de la fécondité naturelle du capital, l'autre due au travail de l'agriculteur quand il intervient. De plus, identifier le capital proprement dit avec les richesses vivantes, c'est restituer au mot capital sa signification initiale dont on l'a arbitrairement détourné, puisque tous les économistes sont d'accord pour reconnaître que le troupeau fut le premier type de capital connu.

*
* *

Donc, « au point de vue de l'ensemble de la société », les richesses vivantes constituent le type par excellence du véritable capital, car seules elles jouissent, « dans le sens absolu », de cette propriété dans laquelle l'opinion générale voit la caractéristique du capital : procurer des revenus sans travail.

J'insiste avec intention sur « au point de vue de l'ensemble de la société » et « dans le sens absolu », car je ne veux pas laisser naître ce malentendu qui consisterait à m'attribuer la prétention de restreindre le sens habituel du mot capital au point de ne le rendre applicable qu'aux seules richesses vivantes. Tout au contraire, j'accepte l'idée de capital telle que le commun des mortels la conçoit, c'est-à-dire : toute richesse qui procure des revenus à son possesseur, indépendamment du travail de ce possesseur. J'y vois la définition générique du capital et j'accorde la dénomination de capital à toutes les richesses qui y répondent.

Mais il suffit précisément de bien peser les termes de cette définition pour être amené à reconnaître qu'elle est relative à un possesseur qu'elle laisse complètement indéterminé. La notion qui en résulte est donc essentiellement élastique, en ce sens que le droit à la dénomination de capital doit logiquement s'étendre ou se restreindre selon la nature du possesseur envisagé.

Que le possesseur envisagé soit un individu et le droit à la dénomination de capital doit logiquement s'étendre à toute richesse qui procure des revenus à cet individu, indépendamment de son travail personnel, *mais fût-ce moyennant le travail d'autrui.* Dans ce cas, la dénomination de capital doit être tempérée par un qualificatif qui marque bien que sa propriété caractéristique — procurer des revenus sans travail — — est toute relative, nullement absolue. Le capital ainsi entendu, je l'appelle « capital à titre individuel ».

Que le possesseur considéré soit la société tout entière et le droit à la dénomination de capital doit, non moins logiquement, se restreindre aux seules richesses qui procurent *à la société*, indépendamment du travail *de la société*, c'est-à-dire indépendamment de tout travail humain, des revenus qu'elles doivent donc produire elles-mêmes, c'est-à-dire aux richesses vivantes qui en sont seules capables.

Dans ce cas un autre qualificatif doit souligner que cette propriété caractéristique — procurer des revenus sans travail — est prise cette fois dans le sens littéral, dans le sens absolu. Ce capital-là, je l'appelle : capital à titre social, ou mieux : capital proprement dit.

La notion de capital individuel cadre avec le point de vue de l'économie domestique ou privée ; celle du capital proprement dit cadre avec celui de l'économie politique.

Entre ces deux notions extrêmes, l'une — le capital à titre individuel — relative, l'autre, — le capital à titre social — absolue, il y a encore place pour une troisième notion intermédiaire — le capital à titre national — qui cadrerait avec le point de vue de chaque nation considérée comme un tout organique.

Le capital à titre national correspondrait à cette définition, obtenue elle aussi par simple transposition de la notion courante de capital du point de vue de l'individu dans celui de l'ensemble de la nation : toute richesse qui procure à *la nation* des revenus *indépendamment du travail de ses propres sujets*, fût-ce moyennant le travail des sujets des nations étrangères.

Or, il est bon de remarquer que cette notion, que je crois toute nouvelle, s'applique, elle aussi, à quelque chose d'existant : le numéraire avancé à l'étranger rapporte incontestablement à la nation, considérée en bloc, des revenus obtenus sans travail, des revenus qu'elle n'a que la peine d'encaisser. Ces revenus sont prélevés sur les produits du travail étranger, c'est possible, mais ils sont obtenus en tout cas sans le moindre apport de travail national, et c'est là une particularité toute caractéristique qui me paraît tout à fait digne d'être soulignée. Je laisse d'ailleurs complètement de côté la question de décider si cette particularité doit ou non être considérée comme avantageuse.

* * *

Avant de poursuivre, je crois qu'il ne sera pas inutile de résumer les résultats auxquels m'a conduit une discussion au cours de laquelle je me suis efforcé de demeurer impartial.

Je le ferai aussi brièvement que possible :

Est capital toute richesse qui procure des revenus à son possesseur, indépendamment du travail de ce possesseur. C'est la définition générique du capital.

Elle nous fournit trois notions différentes du capital, chacune correspondant à un des divers points de vue auxquels la science économique se peut placer, savoir ;

1° La notion de capital à titre individuel : toute richesse qui procure des revenus à un individu indépendamment du travail de cet individu ;

2° La notion de capital à titre national : toute

richesse qui procure des revenus à une nation
indépendamment du travail de cette nation ;

3° La notion de capital à titre social : toute richesse qui procure des revenus à la société
indépendamment du travail de la société.

.˙.

De même qu'il y a plusieurs notions différentes du capital, il y a plusieurs théories de
l'intérêt.

Il y a premièrement la théorie de l'intérêt
dans le cas du capital proprement dit. Ici, il
s'agit d'expliquer comment le capital ainsi entendu produit par lui-même l'intérêt qu'il procure. C'est une question que je n'ai fait
qu'effleurer jusqu'ici et qu'il me va falloir
approfondir.

Il y a, deuxièmement, la théorie de l'intérêt
dans le cas des capitaux à titre relatif — individuel ou national. Là, il ne s'agit plus d'expliquer une production qui, le plus souvent,
n'existe pas. Il s'agit simplement de justifier la
légitimité d'un intérêt qui semble bien être prélevé sur les produits du travail d'autrui. Et
encore non, ce mot de légitimité me chiffonne,

car il implique une subordination de l'économie
politique par rapport au droit et à la morale
que, pour ma part, je me refuse à admettre.

Je dirai donc de préférence que, dans ce cas,
l'intérêt semblant devoir être prélevé sur les
produits du travail d'autrui, il s'agit d'abord de
découvrir les causes qui doivent logiquement
déterminer à la fois et l'exigence de celui qui le
touche et surtout le consentement de celui qui le
verse. Il s'agit ensuite de déterminer la véritable
provenance de cet intérêt.

C'est-à-dire que, étant donné les définitions
que j'ai choisies, il va me falloir établir :

1° Pourquoi et comment les richesses vivantes produisent par elles-mêmes un intérêt ;

2° Pourquoi et comment les autres richesses
procurent dans certaines conditions un intérêt
qu'elles ne produisent pas et d'où provient cet
intérêt.

DEUXIÈME PARTIE

THÉORIE DE L'INTÉRÊT DES CAPITAUX PROPREMENT DITS

Pourquoi et comment les capitaux proprement dits produisent par eux-mêmes l'intérêt qu'ils procurent.

CHAPITRE III

J'ai l'intention d'employer ici une méthode de démonstration analogue à celle qu'on emploie couramment en physique. Je veux en effet tenter une démonstration expérimentale, estimant qu'une démonstration de ce genre, qui parle aux sens, est plus persuasive que celles qui s'adressent uniquement à la raison. Je vais donc faire assister le lecteur à une expérience, purement hypothétique il est vrai, mais qu'il serait très possible de réaliser.

Expérience des deux demi-troupeaux :

Un éleveur possède un troupeau de mille têtes de bétail ; il le divise en deux demi-troupeaux de 500 têtes chacun, constitués de façon absolument identique, eu égard aux proportions de mâles et de femelles, d'animaux adultes ou non adultes entrant dans la composition de chacun.

Il loue deux pâturages de superficie et de qualité identiques, chacun assez étendu pour qu'un des deux demi-troupeaux puisse y trouver largement sa subsistance. Il place l'un des deux demi-troupeaux, soit 500 têtes, sur l'un de ces pâturages, l'autre demi-troupeau, soit 500 têtes aussi, sur l'autre pâturage, les deux demi-troupeaux étant rigoureusement séparés de façon qu'aucun mélange entre eux ne soit possible.

Nous allons voir qu'il a ses raisons pour agir ainsi.

Ceci fait, mon éleveur se décide à faire donner des soins à l'un des deux demi-troupeaux tandis qu'il laissera l'autre vivre en liberté à sa guise, sans soins, c'est-à-dire sans travail.

Il embauche donc des travailleurs sur lesquels il se décharge de tous les travaux de l'élevage du demi-troupeau qui doit seul être soigné, travaux auxquels il entend, pour sa part, ne nullement contribuer. Il promet à ce personnel de lui abandonner, en guise de rétribution, le produit intégral de leur travail commun, à l'exclusion de toute autre rémunération bien entendu.

Un an après, on procède de nouveau au recensement des deux demi-troupeaux.

Ici, je vais être obligé de tabler sur des hypothèses ; je demande seulement au lecteur de bien vouloir m'accorder que l'effectif aura augmenté dans chacun des deux demi-troupeaux, mais que l'accroissement sera évidemment plus élevé dans le demi-troupeau qui fut travaillé que dans celui qui ne le fut pas. Or, il me paraît difficile de ne pas admettre : 1° que l'effectif d'un troupeau de bétail se multipliera automatiquement avec le temps s'il est placé sur un terrain où il trouvera à discrétion de l'herbe pour manger et de l'eau pour boire ; 2° que l'effectif de ce même troupeau se multipliera davantage s'il est bien soigné, c'est-à-dire travaillé, que s'il ne l'est pas. Ceci me paraît incontestable et si le lecteur l'admet, pourvu que mon hypothèse se maintienne d'accord avec cette vérité évidente, peu importent les chiffres qui la traduiront, car ils ne sont là que pour fixer les idées.

J'admettrai donc par hypothèse, et conformément à ce que je viens de dire, que le nouveau recensement accuse un effectif de 600 têtes chez le demi-troupeau laissé à l'abandon et un effectif de 650 têtes chez le demi-troupeau travaillé ; soit un accroissement d'effectif de 100 têtes dans le demi-troupeau non travaillé et un accroissement d'effectif de 150 têtes dans le demi-troupeau qui fut travaillé.

Les 100 têtes qui constituent l'accroissement du demi-troupeau laissé à l'abandon représentent une production incontestablement due à la seule fécondité naturelle des 500 têtes de bétail initiales, sans aucun concours de travail humain, puisque ce demi-troupeau ne bénéficia d'aucun travail depuis le début de l'expérience.

Quant aux 150 têtes qui constituent l'accroissement du demi-troupeau qui fut travaillé, elles comprennent deux parts distinctes : l'une due à la propre fécondité du bétail et l'autre due au travail du personnel.

La part due à la fécondité naturelle du bétail s'y monte à 100 têtes exactement, puisque tel fut l'accroissement constaté dans le demi-troupeau identique qui ne fut pas travaillé, et que cet accroissement eût évidemment été le même dans celui qui fut travaillé s'il ne l'avait pas été, toutes choses ayant été supposées égales d'ailleurs. La part provenant du travail égale donc la différence entre l'accroissement total — 150 têtes — et la part due à la fécondité du bétail — 100 têtes — soit 50 têtes exactement. En d'autres termes, la part de production due au travail est égale à la différence entre les accroissements respectifs du demi-troupeau qui fut travaillé et de celui qui ne le fut pas : 150 têtes — 100 têtes = 50 têtes et pas une de plus.

En conséquence et en exécution des conventions mutuelles librement acceptées, mon éleveur attribue, en guise de rétribution à l'ensemble du personnel qui fut chargé de l'élevage du demi-troupeau qui fut travaillé, ces 50 têtes d'accroissement supplémentaire qui représentent exactement tout le produit de leur travail commun.

Par contre, il garde pour lui les 100 têtes qui restent en excédent après avoir défalqué du total des produits du demi-troupeau travaillé toute la part due au travail du personnel, équitablement abandonnée à ce personnel. Il garde ces 100 têtes en excédent, de même qu'il garde les 100 têtes produites automatiquement durant le même laps de temps par le demi-troupeau laissé à l'abandon et dont personne n'oserait décemment lui contester la propriété.

Ces 100 têtes, qui représentent ce que le demi-troupeau laissé à l'abandon a produit en un an, sans concours de travail humain...

qui représentent donc aussi ce que ce demi-troupeau identique, qui fut travaillé, aurait produit automatiquement durant le même laps de temps s'il n'avait pas été travaillé...

qui représentent donc le produit fourni, en un an, par chacun des deux demi-troupeaux initialement identiques, défalcation faite de toute la part de production due au travail humain dans celui des deux qui fut travaillé...

c'est ce que j'appelle l'intérêt proprement dit produit en un an, sans travail, par chacun des capitaux représentés par les deux demi-troupeaux initialement identiques.

Donc l'intérêt, dans le cas des richesses vivantes qui sont par excellence le type du véritable capital, c'est le produit fourni, dans un laps de temps donné, par toute richesse vivante, défalcation faite — s'il y a lieu — de toute la part de production due au travail.

L'intérêt, dans le cas du capital proprement dit, est donc un produit engendré par le capital et littéralement sorti de lui. Le capital proprement dit, tel que je le conçois, c'est-à-dire composé de toutes les richesses vivantes, à l'exclusion de toutes les autres, est doué d'une productivité incontestable et nullement mystérieuse. *Et les produits fournis constituent autant de richesses de plus, non seulement pour le possesseur, mais aussi relativement à l'ensemble de la société.*

*   *

Le raisonnement qui vient de me servir à expliquer le mécanisme de la production de l'intérêt dans le cas du troupeau peut s'appliquer à toutes les richesses vivantes sans exception, aussi bien végétales qu'animales. En effet, je puis envisager des pommes de terre par exemple au lieu de têtes de bétail, sans que mon raisonnement ni ses conclusions soient sensiblement modifiés par ce changement dans la nature du capital envisagé. Après avoir séparé ses pommes de terre en deux lots égaux et avoir enfoui les deux lots dans deux champs identiques, le possesseur de ces pommes de terre aurait pu faire cultiver l'un et pas l'autre ; il aurait ainsi été amené à faire des constatations analogues, et, logiquement, il en aurait tiré les mêmes conclusions.

Toutefois, je reconnais que, dans ce cas, il n'est pas possible pratiquement de départager d'une manière rigoureuse la part de production due au facteur capital et celle due au facteur travail. Ce n'est pas possible pratiquement, parce que les pommes de terre, ainsi que la majorité des végétaux du reste, ne peuvent croître et se multiplier qu'après avoir été enfouies, c'est-à-dire moyennant un certain travail préalable. Mais il est bien évident que la croissance et la multiplication des pommes de terre enfouies ne sont pas dues qu'à ce seul travail d'enfouissement ; j'en vois la preuve certaine dans ce fait qu'il existe parmi les pommes de terre, comme parmi tous les genres de végétaux d'ailleurs, des variétés diverses dont le rendement est très différent à travail égal. La différence de rendement ne peut provenir que de ce que les unes sont naturellement plus productives que les autres, ce qui prouve bien que les unes et les autres sont naturellement productives indépendamment même du travail dont la productivité ne fait que s'ajouter à leur productivité naturelle. Donc, dans le cas des végétaux, l'ensemble de la production constatée se compose bien aussi de deux parts nettement distinctes, l'une provenant du travail et l'autre du capital ; seulement, ces deux parts distinctes, il n'est pas possible pratiquement de les départager d'une manière rigoureuse.

CHAPITRE IV

Dans un but de simplification, j'ai fait abstraction, dans le raisonnement du cas des deux demi-troupeaux, de deux complications que je vais maintenant faire intervenir, car, en les négligeant, j'ai livré passage à certaines objections dont je préfère tenir compte à l'avance.

C'est ainsi qu'on pourrait m'objecter que les soins accordés au demi-troupeau qui fut seul travaillé ont pu entraîner d'autres conséquences heureuses que le surcroît de naissance et la diminution de mortalité qui s'y sont traduits par un accroissement d'effectif supérieur ; qu'il est même probable que ce demi-troupeau, ayant bénéficié de travaux qui, normalement, n'ont pas dû se borner aux seuls soins accordés aux bêtes elles-mêmes, mais ont dû comporter, en outre, au moins quelques menus travaux tendant à améliorer leur pâturage, le bétail, dans son ensemble, doit y être plus gras, mieux en chair, plus lourd en un mot que dans le demi-troupeau laissé à l'abandon, de sorte que la part due au travail dans la production totale ne se limite pas à l'excédent constaté dans le nombre des produits, mais qu'elle englobe tout ce que le demi-troupeau travaillé a gagné en poids de plus que le demi-troupeau identique qui ne fut pas travaillé.

S'il en est ainsi, il suffira de départager la part due au travail et celle due au capital en prenant pour base, non plus le nombre de têtes, mais le poids, et je reconnais même que ce sera plus rigoureusement exact.

C'est-à-dire que cette objection me conduirait à préciser davantage ma solution sans aucunement modifier ni mon raisonnement, ni mes définitions.

Toutefois, dans un but de simplification, je

continuerai désormais à raisonner en prenant
pour base le nombre de têtes, ce qui me sera
plus commode ; si ce procédé est insuffisam-
ment rigoureux, j'ai indiqué une fois pour toutes combien il était facile de corriger cette
imperfection.

* * *

Toujours dans un même but de simplification, j'ai jusqu'à présent négligé de tenir
compte de la location des pâturages ; je vais
maintenant faire intervenir cette dernière complication.

Raisonnons d'abord sur le cas du demi-troupeau qui n'a pas été travaillé. Le propriétaire
du pâturage sur lequel ce demi-troupeau a été
placé a évidemment droit à une redevance.
Mais il ne saurait exiger la totalité de l'accroissement automatique de ce demi-troupeau, car
s'il avait émis pareille prétention au moment où
les pourparlers s'engagèrent en vue de la location de son terrain, le propriétaire du troupeau
aurait évidemment préféré vendre immédiatement son bétail que de le conserver sans l'espoir
d'en retirer aucun avantage, puisque la totalité

des produits à en attendre aurait dû être abandonnée au propriétaire du terrain.

D'ailleurs, recherchons quelle fut exactement
la participation personnelle du propriétaire du
pâturage dans l'opération dont le résultat fut
l'accroissement automatique de 100 têtes constaté dans le demi-troupeau non travaillé, seul ici
en question. C'est sa participation dans l'opération qui constitue, en effet, la vraie base du
dédommagement auquel il soit en droit de prétendre.

A première vue, il semble bien avoir fourni
deux choses, savoir : 1° l'emplacement nécessaire ; 2° les moyens de subsistance suffisants.
Mais il suffit de se rappeler que l'étendue de
l'emplacement nécessaire a été déterminée par
cette seule considération qu'elle devait être telle
que le bétail puisse y trouver de l'herbe et de
l'eau en quantités suffisantes, pour être amené
à reconnaître que de ces deux conditions :
emplacement nécessaire et moyens de subsistance suffisants, la seconde compte seule puisqu'elle ne saurait être remplie sans que, par surcroît, la première le soit aussi. Le propriétaire
du pâturage a donc fourni pour sa part une
seule chose, savoir : les moyens de subsistance ;

c'est-à-dire que si l'on fait abstraction de l'eau de boisson, dont la valeur est sensiblement nulle, il a fourni, en tout et pour tout, l'herbe que le bétail a consommée.

Dès lors, prétendre qu'il ait droit à tout l'accroissement automatique du demi-troupeau, ce serait admettre implicitement que cet accroissement automatique représente l'équivalent de l'herbe que le bétail a consommée, sans rien de plus. Or, ceci est parfaitement inadmissible, car s'il en était ainsi, il n'y aurait aucune raison pour placer un troupeau sur un pâturage, puisque le résultat de cette opération qui nécessite l'immobilisation de deux richesses — le pâturage et le bétail — pendant un long délai d'attente, pourrait être obtenu instantanément, en réalisant immédiatement et le troupeau et l'herbe du pâturage, laquelle équivaudrait par hypothèse à l'accroissement du troupeau. Dans ces conditions, l'industrie de l'élevage n'aurait plus de raison d'être et serait définitivement abandonnée. De sorte que le seul fait qu'elle est encore pratiquée prouve surabondamment que, dans l'accroissement automatique d'un troupeau, on retrouve quelque chose de plus que l'équivalent du fourrage qu'il a consommé.

Ce passage m'a valu la critique suivante d'un économiste :

« Il est certain que ce n'est pas l'herbe qui
« donne sa valeur au troupeau, puisqu'elle ne
« peut nous servir à rien : c'est le troupeau qui
« fait la valeur de l'herbe.

« Mais alors de deux choses l'une :

« Ou les troupeaux seront en quantité sura-
« bondante, et, alors, ils n'auront aucune valeur
« malgré leur fécondité, disons même à cause
« de leur fécondité ;

« Ou les troupeaux seront en quantité insuf-
« fisante pour les besoins : alors, ils auront une
« valeur, mais cette valeur résulterait non de
« leur fécondité, mais de leur rareté. »

Cette critique, telle qu'elle est formulée, déplace complètement la question ; elle serait tout à fait à sa place dans une discussion sur la théorie de la valeur, alors que c'est exclusivement une théorie de l'intérêt que je discute ici.

Toutefois, j'y discerne une idée qui, elle, se rapporte bien à la discussion, et que je crois pouvoir traduire ainsi :

« L'herbe, ne pouvant pas servir à autre chose
« qu'à alimenter du bétail, n'a pas de valeur en
« dehors de celle qu'elle tire de cette seule possi-

« bilité d'utilisation. Or, quand j'établis une
« comparaison entre la valeur de l'accroisse-
« ment du troupeau et la valeur de l'herbe qu'il
« a consommée, j'attribue implicitement à
« l'herbe en elle-même, à l'herbe considérée
« indépendamment du troupeau, une valeur
« intrinsèque qui ne se conçoit même pas. »

J'accepte la critique ainsi formulée. Elle est
fondée dans le cas particulier visé par la partie
de mon raisonnement à laquelle elle s'adresse.
Mais ce passage fait partie d'un tout qui est un
essai de théorie de l'intérêt dans le cas du capital
proprement dit tel que je l'envisage. Pour le
développer, j'ai cru devoir raisonner sur un cas
concret, et j'ai cherché dans un but de simplification à réaliser un exemple hypothétique où les
causes de complication fussent réduites à leur
minimum. C'est pourquoi j'ai admis par hypothèse que le bétail serait nourri avec de l'herbe
poussée naturellement, ce qui me permettait
d'éliminer le travail nécessaire à la production
de sa nourriture, élément qui aurait dû être pris
en considération dans tous les autres cas. Mais
ce n'est pas dans la partie de mon raisonnement
à laquelle la critique s'adresse que j'aurais été
gêné par cette complication éliminée, et, si je

l'isole, je puis très bien y envisager un autre cas plus compliqué dans lequel la même critique cessera d'être fondée.

Supposons, par exemple, du bétail nourri non plus avec de l'herbe, mais avec des betteraves et ne bénéficiant d'aucun travail en dehors de celui occasionné par sa seule alimentation. Les betteraves, pouvant servir à fabriquer du sucre, auraient une valeur même s'il n'existait pas de bétail. Malgré l'existence du bétail, elles conservent donc une valeur intrinsèque, si on les considère en elles-mêmes, c'est-à-dire indépendamment du bétail.

Or, je prétends que si on emploie des betteraves à l'alimentation du bétail, ainsi que cela se pratique couramment, ce n'est que moyennant la certitude qu'on retrouvera dans l'accroissement de ce bétail quelque chose de plus que l'équivalent des betteraves qu'il aura consommées. Sans quoi, il va de soi que personne ne se déciderait à immobiliser des betteraves pendant le délai nécessité par leur transformation en viande et à immobiliser par surcroît avec elles un troupeau, c'est-à-dire une autre richesse dont le concours est également nécessaire à cette transformation ; tout cela en pure perte, puisqu'on ne retrouverait en définitive dans l'accroissement du troupeau qu'une valeur égale à celle des betteraves avant toutes opérations, valeur qu'on aurait pu immédiatement réaliser. Donc, le seul fait que ce mode d'alimentation se pratique prouve que l'accroissement d'un troupeau nourri avec des betteraves représente quelque chose de plus que l'équivalent des betteraves consommées. Or, comme il n'y a aucune raison pour que ce qui est vrai dans le cas des betteraves ne le soit pas dans tous les autres, c'est également vrai dans le cas de l'herbe, et mon raisonnement reste exact.

Le propriétaire du pâturage sur lequel fut placé le demi-troupeau non travaillé n'a donc pas droit à la totalité de l'accroissement automatique de ce demi-troupeau, mais seulement à une part à débattre de cet accroissement, l'autre devant revenir au propriétaire du demi-troupeau.

Uniquement pour fixer les idées, admettons donc que, d'un commun accord, le propriétaire du bétail et le propriétaire du terrain aient admis le principe de se partager cet accroissement automatique par parts égales, soit 50 têtes de bétail chacun, ce qui représente 50 têtes pour la redevance due au propriétaire de ce pâturage.

Les deux pâturages ayant été supposés identiques, la redevance due au propriétaire du pâturage de l'autre demi-troupeau sera logiquement de 50 têtes aussi. Dès lors, 50 têtes devront être défalquées de l'accroissement total de chacun des deux demi-troupeaux pour obtenir leurs accroissements respectifs nets, défalcation faite des frais de location.

L'accroissement net du demi-troupeau travaillé, qui était de 150 têtes, deviendrait ainsi de 150 — 50, soit 100 têtes exactement.

Et l'accroissement net du demi-troupeau non travaillé qui était de 100 têtes deviendrait ainsi de 100 — 50, soit 50 têtes exactement.

La part de production due au travail sera toujours représentée par la différence entre les accroissements respectifs nets du demi-troupeau qui fut travaillé et de celui qui ne le fut pas, soit 100 — 50 = 50 têtes comme auparavant.

Mais l'intérêt net de chaque demi-troupeau de 500 têtes, défalcation faite des frais de location, ne serait plus que de 50 têtes.

Un point reste à élucider : que représentent donc au juste ces têtes abandonnées au propriétaire du terrain sur la production de chaque demi-troupeau et quelle en est la provenance ?

Il résulte de ce que je viens de discuter que la redevance légitimement due au propriétaire du terrain, que je suppose être de 50 têtes de bétail pour chaque pâturage, représente sensiblement l'équivalent de l'herbe poussée naturellement que chaque demi-troupeau a consommée.

Quant à la question de leur provenance, ces 50 têtes sont incontestablement dues à la fécondité naturelle du capital-bétail, puisqu'elles sont en excédent de la part due au travail. Seulement, comme elles représentent la compensation de l'herbe que le bétail a consommée, elles constituent, relativement à l'ensemble de la société, non pas une richesse de plus, mais le remplacement d'une richesse — l'herbe — qui existait et qui n'existe plus et correspondent non pas à la création d'une nouvelle richesse, mais à la simple transformation d'une certaine quantité de richesse-herbe en une quantité équivalente de richesse-bétail.

Mais cette herbe qui a poussé toute seule, à qui revient donc le mérite de sa production ? Du moment que cette production a été obtenue sans travail, il n'y a pas de doute, elle ne peut provenir que de deux facteurs : nature, capital. Et, en effet, en l'espèce, le facteur capital est représenté par les germes végétaux que la terre contenait, par la semence d'herbe qui y fut apportée par le vent ou autrement ; et la part de production due à l'intervention de ce facteur capital-semence constitue l'intérêt de ce capital-semence. Quant au facteur nature, il est représenté par la fertilité naturelle du sol qui fut également indispensable à la croissance de l'herbe, et la part due à son intervention constitue ce que j'appellerai la rente du sol. Donc, la part abandonnée au propriétaire de chaque pâturage provient de deux facteurs : la nature représentée par la fertilité du sol et le capital représenté par la semence d'herbe, et comprend l'intérêt du capital-semence et la rente du sol. Seulement, on englobe l'intérêt dû au capital-germe-vivant dans la rente quand, comme c'est le cas pour l'herbe sauvage, ce capital n'a pas été apporté dans le sol par l'homme, mais qu'il s'y trouve spontanément. Cette part est bel et bien un intérêt et ne fait pas partie de la rente dans laquelle on l'englobe seulement, pour cette raison qu'en pareil cas, il y a bien un rentier — le propriétaire du terrain — mais il n'y a pas de capitaliste, le capital s'étant trouvé spontanément dans le sol ; ou mieux, c'est le rentier qui est en même temps capitaliste, étant de droit propriétaire de tous les capitaux-germe-vivant qui se trouvent spontanément dans le sol dont il est propriétaire.

Je suis donc conduit à poser cette nouvelle définition :

La rente, c'est la part de production due à la fertilité du sol ; elle s'obtient en défalquant de l'accroissement des richesses vivantes, animales et végétales, qui y sont placées : 1° toute la part due à leur propre fécondité ; 2° toute la part due au travail (1).

Et ceci nécessite une rectification à ma définition de l'intérêt proprement dit qui, définitivement, devient :

L'intérêt proprement dit, c'est la part de production due aux richesses vivantes ; il s'obtient en défalquant de leur accroissement total :

____

(1) Si certains de mes lecteurs trouvaient que cette définition ne cadre pas avec le sens qu'on attribue habituellement au mot « Rente », je me permettrais de leur faire observer que cette définition n'est pas de moi ; c'est la définition classique ; en effet, c'est le revenu de la terre, qu'en économie politique on appelle rente foncière, rente du sol ou plus simplement rente tout court. Voyez GIDE.

1° toute la part due à la fertilité du sol, c'est-à-dire la rente ; 2° toute la part due au travail.

J'étais parti pour faire une théorie de l'intérêt proprement dit, et j'ai été amené à faire en même temps une théorie de la rente proprement dite.

Ici, cette critique m'a été faite par un économiste :

« Quelle différence y a-t-il entre la fécondité
« du sol et la fécondité du troupeau ? C'est abso-
« lument la même chose, à cela près que, dans
« un cas, il s'agit de la vie végétale, et, dans
« l'autre, de la vie animale.

« L'opposition que vous établissez entre la
« rente et l'intérêt est donc illusoire. L'intérêt
« tel que vous le définissez n'est pas autre chose
« que la rente. »

Je ferai d'abord une critique à cette critique : mon contradicteur semble ne pas m'avoir bien compris quand il prétend que la seule différence entre la rente et l'intérêt proprement dits tels que je les définis consiste en ce que la rente se constate uniquement dans la vie végétale et l'intérêt uniquement dans la vie animale ; *ils se constatent tous deux et dans la vie végétale et dans la vie animale.*

1° L'intérêt se constate aussi bien dans la vie végétale que dans la vie animale.

En effet, j'ai longuement expliqué comment, dans l'herbe poussée naturellement, on pouvait discerner deux parts : l'une due à la fertilité naturelle du sol, que j'ai appelée la rente, l'autre due à la fécondité naturelle de la semence de l'herbe, que j'ai appelée l'intérêt du capital-germe-vivant. J'ai seulement ajouté que, lorsque la semence se trouvait spontanément dans le sol, comme c'est le cas pour l'herbe sauvage, c'était le propriétaire du sol qui bénéficiait non seulement de la rente, mais de l'intérêt qu'il était porté à englober dans la rente, bien qu'il n'en fasse pas partie. Mais il n'en reste pas moins établi que, d'après mes définitions, l'intérêt se constate aussi bien dans la vie végétale que dans la vie animale, car je n'ai pas besoin d'ajouter que ce qui est exact dans le cas de l'herbe, l'est aussi bien dans le cas de n'importe quel végétal.

2° La rente se constate aussi bien dans la vie animale que dans la vie végétale.

Retenons maintenant ce seul point que dans tout produit végétal, il existe une part due à la fécondité du sol qui correspond à ce que j'ai appelé la rente.

Il en résulte que si j'alimente des animaux avec des végétaux, je devrai trouver après l'opération, en sus de l'accroissement net, le résultat de la transformation en viande des végétaux consommés, dans lequel la part correspondant à la rente se retrouvera aussi, car elle aura été transformée mais non anéantie.

Il en résulte encore que si je nourris d'autres animaux avec ceux que je viens d'envisager, je devrai retrouver, après cette seconde opération, cette même part correspondant à la rente, laquelle n'aura pas été anéantie, mais seulement transformée une première fois d'herbe en viande et une seconde fois d'une espèce de viande en une autre espèce de viande.

Et ainsi de suite.

C'est-à-dire que toute espèce animale se nourrissant ou de végétaux ou d'animaux, lesquels se nourrissent à leur tour ou de végétaux ou d'animaux et ainsi de suite, on ne peut pas manquer, en remontant d'échelon en échelon, d'aboutir à une espèce végétarienne dont la nourriture contient une part correspondant à la rente ; et cette part, en descendant cette fois d'échelon en échelon aussi loin qu'on voudra, se retrouvera dans l'accroissement de n'importe quelle espèce envisagée, car les transformations successivement subies, quel que soit leur nombre, ne l'auront pas anéantie. La rente se constate donc, non pas seulement dans la vie végétale, mais aussi dans la vie animale.

Donc, contrairement à ce que me fait dire mon contradicteur, l'intérêt et la rente, tels que je les ai définis, se constatent tous les deux et dans la vie animale et dans la vie végétale, ce qu'il fallait démontrer.

Ce malentendu dissipé, je passe maintenant à la discussion de la critique.

Je reconnais que la fécondité du troupeau et la fécondité du sol, pour employer les mêmes termes que mon contradicteur, sont deux propriétés naturelles très voisines, mais pas au point cependant qu'on doive nécessairement les confondre.

Je n'éprouve pas la moindre difficulté à les concevoir séparément et il n'en faut pas davantage pour que j'aie le droit de les distinguer ; les ressources du langage courant m'y poussent, car elles me fournissent une dénomination spéciale pour chacune d'elles, le mot fertilité étant l'expression propre pour désigner la productivité du sol alors que le terme fécondité est plus spécialement réservé pour exprimer la faculté génératrice des espèces vivantes.

Mais bien plus, je prétends que j'ai le devoir de les distinguer : en effet, s'il existe une certaine analogie entre ces deux propriétés naturelles, par contre on relève entre elles une différence notable consistant dans une inégalité telle de leurs influences respectives, qu'on commettrait une confusion impardonnable en ne les distinguant pas : si la fertilité du sol et la fécondité du germe vivant sont pareillement nécessaires à toute production animale ou végétale, la fécondité du germe vivant y joue cependant un rôle prépondérant, car c'est elle seule qui commande la nature des produits à attendre ; sur le même sol, doué de la même fertilité, on récoltera des pommes de terre, du blé, ou du bétail selon qu'on y aura enfoui des pommes de terre ou qu'on y aura semé du blé, ou que, le laissant en friche, on y aura fait paître un troupeau.

C'est pourquoi je prétends que non seulement on peut, mais qu'on doit distinguer deux propriétés de pouvoirs si différents.

*
* *

Mais dès lors que je dois distinguer ces deux propriétés, je suis obligé de poursuivre la distinction d'une part en descendant jusqu'à leurs effets, et c'est pourquoi je distingue l'intérêt qui résulte de la fécondité du germe vivant de la rente qui provient de la fertilité du sol. Je reconnais qu'il semble à peu près impossible, dans une production animale ou végétale, d'évaluer quantitativement la part correspondant à la rente et celle correspondant à l'intérêt ; mais, par contre, on n'éprouve pas la moindre difficulté à discerner que ces deux parts existent et c'est suffisant pour qu'on ait le droit de les distinguer. D'ailleurs, je prétends qu'il n'existe aucun autre moyen de distinguer la rente-type de l'intérêt-type.

Je dois d'autre part poursuivre la distinction établie entre la fécondité du germe vivant et la fertilité du sol en remontant jusqu'aux richesses qui en sont douées ; c'est pourquoi je comprends le sol doué de fertilité dans le facteur nature, alors que je classe les richesses vivantes douées de fécondité dans le facteur capital.

*
* *

Au contraire, si, comme mon contradicteur m'y invite, je considérais la fécondité du germe vivant et la fertilité du sol comme une seule et même chose, je devrais, pour rester logique, poursuivre la même confusion d'une part en descendant jusqu'aux effets de ces propriétés et, d'autre part, en remontant jusqu'aux richesses qui en sont douées.

C'est-à-dire que je renoncerais à établir une distinction entre la rente-type et l'intérêt-type tels que je les conçois, et je ne vois pas d'autre moyen de les concevoir.

C'est-à-dire encore que je devrais classer sous la même rubrique le sol doué de fertilité et le germe vivant doué de fécondité. Or, quelle rubrique leur appliquer ?

Capital ? Mais le sol fait déjà partie intégrante du facteur nature et je ne puis pas, sous peine de confusion et de double emploi, le comprendre dans le facteur capital.

Nature alors ? Evidemment les richesses vivantes pourraient à la rigueur être considérées comme faisant partie du facteur nature ; mais on est en droit de se demander s'il serait avantageux de confondre sous une même rubrique des richesses aussi dissemblables que le sol, qui est le type par excellence du bien immeuble, et un troupeau qui, de lui-même, peut suivre son possesseur dans tous ses déplacements. Dans ce cas, le capital devrait être rayé de la liste des facteurs originaires de la production, car je ne vois pas bien par quelles richesses il serait constitué si on éliminait les richesses vivantes qui sont le type du capital par excellence. D'ailleurs, si on comprenait les richesses vivantes dans le facteur nature, il n'y aurait aucune raison pour ne pas y comprendre également l'homme qui, lui aussi, fait partie intégrante de la nature. Dès lors, les efforts de l'homme, son travail, devraient obligatoirement être englobés dans les œuvres de la nature ; le travail disparaîtrait donc lui aussi de la liste des facteurs originaires de la production et l'on serait acculé à considérer la nature comme l'unique facteur qui intervienne dans la production. Il est facile de comprendre combien cette conclusion serait stérile. Au lieu que les définitions que je propose permettent de discerner très facilement dans toute entreprise agricole l'intervention de trois facteurs différents, l'action de chacun se traduisant par une part nettement distincte de celle qui provient des deux autres, savoir :

1º Le facteur nature dont l'intervention se traduit par la fertilité du sol et dont la part de production correspond à la rente ;

2e Le facteur capital dont l'intervention se traduit par la fécondité des richesses vivantes placées sur le sol et dont la part de production correspond à l'intérêt ;

3º Le facteur travail dont l'intervention est due aux efforts de l'homme et dont la part de production correspond au produit net, défalcation faite de l'intérêt et de la rente.

Et ici l'action de trois facteurs distincts, chacun intervenant pour son propre compte et produisant sa propre part, crève les yeux, tandis que nulle part je n'ai trouvé la moindre justification de l'opinion pourtant classique qui attribue la production aux trois facteurs nature, travail et capital.

CHAPITRE V

*Vérification de la théorie de l'intérêt des capi-
taux proprement dits par la démonstration
« a priori » de la loi du rendement non proportionnel au travail en agriculture.*

Une loi économique très importante est connue sous le nom de Loi du rendement non proportionnel au travail en agriculture. Elle
affirme que lorsqu'on double le travail dépensé
dans une entreprise agricole, le rendement n'est
pas doublé, mais augmenté dans des proportions qui le laissent toujours inférieur au double
de ce qu'il était ; en d'autres termes et d'une
façon plus générale, que le rendement en agriculture augmente dans une proportion inférieure à celle du travail dépensé. Cette loi, qui
se vérifie toujours et partout, a été uniquement
déduite des données de l'observation ; on a bien
invoqué certains arguments pour la justifier
après coup, mais jamais encore, à ma connaissance du moins, elle n'a été l'objet d'une véri-

table démonstration. C'est une loi constatée, ce n'est pas encore une loi démontrée.

Nous allons voir que la théorie que je viens de proposer nous fournit tous les éléments de cette démonstration.

Mais voyons d'abord quelle en est l'explication classique : elle tient tout entière dans cet argument que toute production agricole est soumise à des conditions d'espace et de temps qui ne permettent pas d'en augmenter le rendement à volonté. Cet argument vaut quand il s'agit d'expliquer pourquoi toute production agricole exige un délai minimum qui ne peut pas être abrégé ; il vaut encore quand il s'agit d'expliquer pourquoi le rendement par unité de surface ne peut pas être indéfiniment augmenté, les conditions d'espace indispensable à la vie végétale et animale imposant une limite forcée à son développement. Mais il ne nous explique pas du tout pourquoi le rendement, *aussi longtemps qu'il est susceptible d'être augmenté*, ne se développe pas proportionnellement à la quantité de travail fourni, et c'est uniquement là ce que constate la loi du rendement non proportionnel qu'il s'agit d'expliquer.

Or, l'explication est fort simple.

Soit un hectare de terrain qui fournit 15 hectolitres de blé, ce qui est à peu près la moyenne en France. Nous savons que cette production, qui se chiffre par 15 hectolitres de blé, se compose de trois parts distinctes, savoir : 1° le produit net qui résulte du travail humain ; 2° l'intérêt du capital qui résulte de la fécondité de la semence ; 3° la rente de la terre qui résulte de la fertilité du sol.

Uniquement pour fixer les idées, admettons que l'intérêt et la rente qui résultent de deux qualités naturelles — fécondité du germe et fertilité du sol — représentent ensemble les deux tiers de la production totale, soit 10 hectolitres sur 15. Dès lors, la part due au travail humain représentera l'autre tiers, soit 5 hectolitres.

Je puis augmenter la part qui provient du travail en augmentant le travail lui-même, mais je ne puis augmenter l'intérêt et la rente qui résultent de deux qualités naturelles, la fécondité du germe vivant et la fertilité du sol, qui échappent complètement à mon action.

« Mais si l m'a objecté un économiste, l'en-
« grais chimique, l'irrigation agissent sur les
« qualités naturelles et par conséquent sur ce
« que vous appelez l'intérêt et la rente. »

A ceci, je réponds : Prenez garde, vous êtes en train de jouer sur les mots. Si vous admettez comme moi que toute production agricole se compose : 1° d'une première part que je qualifierai d'artificielle parce qu'elle ne doit rien à la nature et résulte uniquement du travail humain ; 2° de deux autres parts que je qualifierai de naturelles, par opposition à la première, parce qu'elles sont complètement indépendantes du travail humain et résultent uniquement de la fécondité du germe vivant et do la fertilité du sol qui sont deux qualités naturelles, vous êtes bien obligés de convenir que l'augmentation de rendement, que je reconnais pouvoir être obtenue par l'engrais chimique ou par l'irrigation, c'est-à-dire en définitive par du travail, doit être classée dans la première part, c'est-à-dire dans celle qui provient du travail et pas du tout, comme vous voudriez le faire, dans les deux autres.

Ce léger malentendu dissipé, je reprends ma démonstration au point où je l'avais laissée.

Je puis augmenter la part qui provient du travail en augmentant le travail lui-même, mais je ne puis pas augmenter l'intérêt et la rente qui résultent de deux qualités naturelles, la fécondité du germe vivant et la fertilité du sol, qui échappent complètement à mon action.

Donc, si je double le travail, le produit du travail qui était de 5 hectolitres sera également doublé et atteindra 10 hectolitres. Mais l'intérêt du capital et la rente du sol qui atteignaient ensemble 10 hectolitres resteront de 10 hectolitres, de sorte que la production totale ne sera que de 20 hectolitres au lieu de 30 hectolitres qui représentent exactement le double de ce qu'elle était.

D'une façon plus générale, aussi longtemps que les conditions d'espace et de temps indispensables à la vie végétale ou animale ne sont pas violées dans une entreprise agricole, quand on double le travail, on double bien une part de la production totale : celle qui résulte du travail, mais on ne double ni celle qui provient de la fécondité du germe vivant, ni celle qui provient de la fertilité du sol, de sorte que fatalement l'ensemble est moins que doublé.

Et cette explication me semble à la fois si concluante et si simple que je suis surpris de constater que personne n'ait profité de la facilité qu'elle offrait de baser sur une démonstration *a priori* une loi uniquement déduite jusqu'à présent des données de l'observation.

*
* *

Tel est le mécanisme de la production de l'intérêt dans le cas des richesses vivantes que je considère comme le type par excellence du véritable capital.

Il me reste maintenant à examiner la catégorie autrement nombreuse des capitaux ordinaires et à expliquer pourquoi et comment ils procurent un intérêt qu'ils ne produisent pas.

Eh bien, nous allons voir que c'est uniquement parce que les richesses vivantes produisent un revenu, que toutes les autres richesses sont susceptibles, dans certaines conditions, de procurer un revenu qu'elles ne produisent pas, ce qui leur confère, au point de vue individuel, la qualité de capital.

C'est du moins ce que je vais m'efforcer d'établir en développant la théorie de l'intérêt dans le cas des richesses qui ne sont capitaux qu'à titre individuel.

TROISIÈME PARTIE

THÉORIE DE L'INTÉRÊT DES CAPITAUX
A TITRE INDIVIDUEL

Pourquoi et comment ces capitaux procurent, sous le nom d'intérêt, des revenus qu'ils ne produisent pas et d'où vient cet intérêt ?

CHAPITRE VI

Je commencerai par rappeler qu'au point de vue individuel est capital, par définition, toute richesse qui procure des revenus à son possesseur, indépendamment du travail de ce possesseur, fût-ce moyennant le travail d'autrui. Or, toute richesse est susceptible de jouir de cette propriété, moyennant que son possesseur s'en dessaisisse temporairement au profit d'une autre personne. Mais il y a deux façons de se dessaisir temporairement d'une richesse au profit d'autrui : on peut soit la louer, soit l'avancer.

Il y a contrat de location quand, abstraction faite des autres conditions à débattre, la richesse louée doit, à l'expiration du délai convenu, faire retour à son possesseur avec une utilité objective amoindrie. Exemple : si je loue à une personne, pour une durée d'un an, une maison, une machine, un outil, un meuble, etc., etc., il est incontestable que ces richesses, quand mon locataire me les rendra, après en avoir *usé* pendant un an, auront perdu une partie de leur utilité objective qui se sera consommée à l'usage.

Il y a contrat d'avance, par contre, quand, toujours abstraction faite des autres conditions à débattre, le possesseur de la richesse avancée, à l'expiration du délai convenu, rentre en possession d'une richesse identique à celle avancée et d'une utilité objective rigoureusement égale par conséquent. Exemple : j'avance cent francs à une personne, c'est-à-dire qu'abstraction faite des autres conditions à débattre, je devrai, à l'expiration de l'avance, rentrer en possession d'une somme de cent francs mathématiquement identique à celle avancée, et, par conséquent, d'une utilité objective rigoureusement égale.

La différence fondamentale entre un contrat d'avance et un contrat de location, c'est donc que dans l'avance on récupère toute l'utilité objective temporairement abandonnée, au lieu que dans la location on ne récupère qu'une utilité objective plus ou moins inférieure à celle qu'on abandonna. La situation change donc du tout au tout selon qu'il y a avance ou location ; c'est pourquoi nous constaterons plus loin que la théorie psychologique qui envisage le cas de l'avance invoque, pour justifier l'intérêt à titre individuel, une argumentation qui n'a absolument rien de commun avec celle invoquée dans le même but par la théorie du loyer qui envisage le cas de la location.

Pour ma part, je raisonnerai successivement ces deux cas différents.

a) DE L'INTÉRÊT EN CAS D'AVANCE

Il ne s'agit pas uniquement, je le répète, de justifier ou de légitimer l'intérêt exigé et obtenu par celui qui avance une richesse ; c'est là plutôt une question de droit ou de morale. Économiquement, il s'agit d'abord de découvrir les causes nécessaires et suffisantes pour déterminer à la fois celui qui possède une richesse à ne l'avancer que moyennant l'obtention d'un intérêt, et surtout celui qui sollicite l'avance à consentir à servir cet intérêt. Il s'agit ensuite de découvrir la provenance de cet intérêt, et c'est peut-être là le côté le plus important du problème.

Je situerai mon raisonnement à l'époque correspondant à la première apparition de l'intérêt à titre individuel ; le système économique étant alors beaucoup moins compliqué que de nos jours, le raisonnement sera plus facile à conduire. Je le transposerai ensuite dans le cadre économique actuel et examinerai si cette transposition nécessite quelque changement à ses conclusions.

———

Il est admis, que, parmi les générations humaines qui se succédèrent, les genres de travaux suivants eurent successivement la prédominance, dans l'ordre de leur énumération : 1° la chasse ; 2° l'élevage ; 3° l'agriculture ; 4° le commerce et l'industrie.

Mais les passages d'un de ces genres de travaux au suivant ne furent ni radicaux ni généraux, ainsi qu'il est facile de s'en rendre compte en constatant que, même de nos jours, ils sont encore tous représentés.

Eh bien, je situerai mon raisonnement à cette phase de l'évolution économique où l'élevage constituait encore la profession prédominante, mais où l'agriculture, un commencement de commerce et même un embryon d'industrie, sous forme de production de quelques menus objets façonnés, existaient aussi, la monnaie servant déjà d'instrument d'échange.

Notez que dès l'époque pastorale, l'accroissement automatique du bétail, que j'ai appelé l'intérêt proprement dit du capital-troupeau, avait dû être discerné par chacun, d'autant plus facilement qu'il n'avait pas été besoin, pour le discerner, de faire abstraction de complications qui n'existaient pas encore. En effet, l'intervention du travail se bornait alors à la simple garde du bétail et son but était plutôt la conservation des produits de sa fécondité naturelle que l'accroissement artificiel de cette productivité. Et à l'époque légèrement postérieure où je vais placer mon raisonnement, les quelques complications survenues depuis dans le système économique n'étaient pas encore suffisantes pour avoir fait perdre de vue l'avantage dont bénéficiait le possesseur d'un troupeau de le voir se multiplier automatiquement. Cet avantage étant bien connu, il est hors de doute qu'il devait être pris en considération.

A cette époque donc, je vais supposer qu'un pasteur, propriétaire d'un troupeau, se trouve en présence d'un emprunteur qui sollicite de lui l'avance d'une somme d'argent assez importante dont il lui garantit le remboursement un an plus tard.

Voici, à mon avis, et tenant compte des considérations qui précèdent, ce que mon pasteur devra logiquement répondre à son emprunteur : « Tu veux que je t'avance une certaine somme dont tu me garantis le remboursement dans un an. Cette somme, que tu me demandes de t'avancer, pourrait, si je ne te l'avançais pas, me servir à satisfaire immédiatement certains de mes besoins, en l'échangeant contre certaines richesses à mon choix que je pourrais immédiatement utiliser. Pour te rendre le service que tu sollicites, pour te consentir l'avance que tu me demandes, je vais donc être obligé de remettre à plus tard la satisfaction de certains de mes besoins « *en souffrance* », c'est-à-dire de m'imposer, pendant un an, une privation, donc une gêne. Je ne consentirai naturellement à m'imposer cette privation, cette gêne, que si tu m'en dédommages, et comme absolument rien ne m'oblige à te consentir l'avance que tu sollicites, je ne la consentirai que si tu me reconnais le droit à un dédommagement, *si minime soit-il*, en compensation de la gêne que je devrai m'imposer pour te rendre service. J'ajoute, pour ne pas t'effaroucher, que ce dédommagement, je le fixerai à un taux très minime, mais j'en fais, par principe, la condition *sine qua non* de mon consentement, de sorte que si tu n'admets pas une exigence si justifiée dans son principe, il est inutile de poursuivre la discussion. »

La question étant ainsi posée, ou l'avance se fera ou elle ne se fera pas, mais si elle se fait, elle ne se fera que moyennant que le solliciteur accepte l'exigence du sollicité, puisque ce dernier en fait la condition *sine qua non* de son consentement *qu'absolument rien ne l'oblige à accorder.*

Or, la somme d'argent qui va être avancée étant parfaitement incapable de produire quoi que ce soit par elle-même, le dédommagement exigé semble bien ne pouvoir être prélevé, s'il est accordé, que sur les produits du travail du solliciteur. Reste à savoir, dans ces conditions, si celui-ci acceptera.

Eh bien, oui, précisément, il sera tout naturel qu'il consente librement, sans nulle contrainte, à abandonner une somme qui semble bien devoir être prélevée sur les produits de son travail, pour obtenir l'avance qu'il sollicite et qu'il ne peut obtenir autrement, puisque c'est la condition *sine qua non* du consentement de son prêteur.

C'est tout naturel, parce que s'il obtient l'avance, il va être à même, lui aussi, en échangeant cette somme contre certaines richesses à son choix, de satisfaire immédiatement certains de ses besoins *en souffrance*, au lieu que s'il ne l'obtient pas, la satisfaction de ces mêmes besoins *en souffrance* sera infailliblement retardée.

Par conséquent, l'obtention de l'avance se traduira pour lui par de la *gêne évitée*, puisque la durée de la gêne inhérente à certains de ses besoins en souffrance sera *écourtée* ; au lieu que son refus se traduira pour lui par de la *gêne imposée* ; celle inhérente à ceux de ses besoins en souffrance dont la satisfaction devra être *retardée*.

Le souci d'éviter cette prolongation de gêne, *qui fut certainement la cause déterminante de sa démarche*, le prédisposera naturellement à consentir un sacrifice sous la forme de la compensation que le prêteur exige et qu'il lui accordera, si le taux en est raisonnable, bien qu'il pense qu'elle devra être prélevée sur les produits de son propre travail.

Dès lors, l'accord devra fatalement se faire sur ce premier point.

Passons maintenant au deuxième :

« Cette somme que tu me demandes de t'avancer, poursuivra l'éleveur, je l'ai disponible ou je ne l'ai pas, tu l'ignores. Si je ne l'ai pas, je devrai, pour me la procurer, vendre une partie de mon troupeau. Si je l'ai, comme ma profession est l'élevage, c'est à l'achat d'un troupeau supplémentaire qu'en principe je la destine. Dans les deux cas, et c'est précisément là que je veux en venir, tout se passera pour moi comme si je t'avançais non pas une somme d'argent, mais le troupeau que cette somme représente, troupeau que je devrai ou vendre, ou renoncer à acheter.

« Or, ce troupeau, si je le conservais, croîtrait et se multiplierait automatiquement pendant la durée de l'avance. Dans ces conditions, il va de soi que je ne consentirai à te l'avancer que s'il me procure un avantage analogue, c'est-à-dire s'il doit m'être rendu non pas tel qu'il sera au moment où il va être avancé, mais tel qu'il serait automatiquement devenu, dans un an, à l'expiration de l'avance (c'est-à-dire majoré de cet accroissement automatique qui constitue l'intérêt proprement dit du capital-troupeau). Et mon droit de propriété sur cet accroissement automatique est absolument intangible, car il me suffira de te refuser l'avance, donc de conserver le troupeau, ce qui incontestablement m'est possible, pour me le réserver envers et contre tous.

« D'ailleurs, je te prie de remarquer qu'avec l'argent que je vais t'avancer, tu peux, toi aussi, acheter un troupeau de bétail. Ce troupeau, livré à lui-même, s'augmenterait je suppose de 10 têtes dans l'année ; grâce à ton travail, grâce aux soins que tu peux lui accorder, il est susceptible de s'augmenter de 15 têtes. De sorte qu'après un an, tu pourras vendre, outre le troupeau tel que tu l'auras acheté, les 15 têtes dont il se sera accru. En admettant que le prix du bétail n'ait pas varié dans l'intervalle, tu retireras de cette vente, outre le prix d'achat du troupeau initial compensé par son prix de vente égal, la somme que t'aura procuré la vente des 15 têtes supplémentaires. De sorte que, même en gardant pour toi le tiers de cette somme qui représente la valeur des 5 têtes d'accroissement dues à ton travail, à tes soins, tu pourras m'abandonner, à moi qui t'ai fait l'avance, la valeur des 10 autres têtes, produites par le troupeau qui continuera à m'appartenir tant que tu ne m'auras pas remboursé la somme qui t'aura servi à l'acheter. Et, en m'abandonnant cette somme, tu ne t'appauvriras nullement, car si tu dois la sortir de ta poche, c'est que quelqu'un l'y aura mise. Et ce quelqu'un, celui qui t'aura acheté ces 10 têtes de bétail, ne se sera pas appauvri non plus : il aura simplement échangé de son plein gré de la richesse-monnaie contre de la richesse-bétail. Quant à toi personnellement, tu seras même plus riche qu'avant d'avoir conclu le marché, plus riche de tout le produit de la vente des 5 têtes supplémentaires que le troupeau aura produites, à cause de ton travail, c'est vrai, mais à cause d'un travail que tu n'auras pu entreprendre que grâce à l'avance que je t'aurai consentie.

« Avec ce même argent que je vais t'avancer tu pourras aussi bien, si tu le préfères, acheter des graines que tu sèmeras. Cette semence, tu la retrouveras considérablement multipliée dans la récolte. Tu pourras donc revendre plus de grains que tu n'en auras acheté et tu retireras de la vente de ta récolte une somme bien supérieure à celle que tu auras engagée dans l'achat de ta semence. De la différence, tu pourras faire deux parts : la première, représentant la compensation de ton travail, tu pourras la garder, ce n'est que justice ; mais la seconde, représentant la production naturelle de la semence, défalcation faite de la part due à ton travail, tu devras équitablement me l'abandonner, à moi qui resterai le véritable possesseur de la semence qui l'aura automatiquement produite, tant que tu ne m'auras pas remboursé la somme que je t'aurai avancée et qui t'aura servi à l'acheter. Et cet abandon ne t'appauvrira nullement, au contraire, puisque tu te retrouveras en définitive plus riche qu'avant d'avoir conclu le marché de toute la part de grains due à ton propre travail, lequel n'aura pu s'effectuer que grâce à mon avance.

« Note d'ailleurs que pour que mon exigence à ce sujet soit fondée, il n'est nullement indispensable que j'aie réellement l'intention de transformer, par voie d'échange, en richesse vivante, la somme que tu me demandes de t'avancer et que je sois contraint d'y renoncer pour pouvoir te l'avancer. Il suffit que j'en aie la possibilité, et je l'ai indiscutablement, pour que j'aie le droit, si tu me demandes de renoncer à cette possibilité à ton profit, d'exiger en compensation un dédommagement fondé sur l'avantage que cette possibilité me confère. Or, je devrai forcément abandonner cette possibilité avantageuse pour te consentir l'avantage que tu sollicites.

« De même, il n'est nullement indispensable que tu consacres l'argent que je vais t'avancer à l'achat de richesses vivantes pour que tu sois tenu de me consentir ce dédommagement. Il suffit que tu en aies la possibilité, et tu l'as incontestablement ; car cette possibilité te permet de me consentir ce dédommagement sans bourse délier, et si tu renonces volontairement à en user, ce sera vraisemblablement pour faire de cet argent un emploi aussi avantageux, ou que tu jugeras tel (1). »

Normalement, le solliciteur se soumettra à cette deuxième exigence, *qui peut ne rien lui coûter pourvu qu'il le veuille*, plus facilement encore qu'à la première qu'il estime devoir nécessiter l'abandon d'une part, si minime soit-elle, des produits de son travail et qui par conséquent, si peu que ce soit, lui coûtera du travail.

En tout cas, ou l'avance se fera ou elle ne se fera pas ; mais, si elle se fait, elle se fera moyennant que soient satisfaites les deux exigences très fondées du prêteur, lequel a incontestablement le droit de refuser l'avance qui lui est demandée.

Donc les conditions rationnelles de l'avance, dans le cas que je viens d'envisager et à l'époque où je l'ai située, seront que le prêteur exige et obtienne, outre la récupération de la somme avancée :

____

(1) C'est ainsi que tombe cette objection, qui m'a été faite, que mon explication ne justifierait l'intérêt de l'argent que dans les prêts à la production, ou bien — s'il s'agit de prêts à la consommation, — dans le cas seulement où le prêteur aurait pu faire de son capital un emploi productif. D'ailleurs, il le peut toujours.

1° Un bénéfice, si minime soit-il, en compensation du service rendu sous la forme de l'avance. Cette première part sera d'un taux très modeste ;

2° Un bénéfice fondé sur le produit automatiquement fourni pendant la durée de l'avance par une richesse vivante de la même valeur que la somme avancée. Ce sera cette seconde part qui sera la plus importante ;

3° Eventuellement un bénéfice supplémentaire en couverture du risque de non-remboursement.

Car, dans tout le raisonnement qui précède, j'ai admis que l'emprunteur *garantissait* le remboursement dans un an ; dans le cas où ce remboursement ne serait pas réellement garanti, il subsiste un risque qui doit évidemment être couvert.

Ce sont ces trois bénéfices distincts, basés sur des considérations différentes, qui, dans leur ensemble, constituèrent à l'origine *l'intérêt* exigé et consenti en cas d'avance. En effet, au point de vue individuel, c'est bien là un intérêt, puisque obtenu par le possesseur de la richesse avancée, indépendamment de tout travail accompli par lui.

Le raisonnement sur lequel je me suis appuyé devait logiquement, à l'époque ou je l'ai situé, déterminer à la fois et l'exigence et le consentement de cet intérêt dans le cas d'une avance d'argent. Et cette conception initiale de l'intérêt de l'argent fut d'autant moins artificielle que c'est dans la nature même que l'homme en puisa la notion.

Toute richesse vivante produit automatiquement un intérêt en nature, dont son possesseur bénéficie sans qu'il lui en coûte aucun travail. Or, toute somme d'argent, ou, plus généralement encore, toute richesse, pouvant, par voie d'échange, être transformée en une richesse vivante qui produira intérêt, peut être considérée comme étant douée elle-même, *en puissance*, de cette même productivité dont sont effectivement douées les richesses vivantes contre lesquelles elle se peut échanger. Et c'est presque exclusivement pour cette raison qu'elle est susceptible de procurer elle aussi, à son possesseur, dès qu'il l'avance, un intérêt qui ne lui coûte aucun travail.

Ainsi, du seul fait que les richesses vivantes produisent un intérêt, toutes les autres richesses procurent un intérêt qu'elles ne produisent pas, mais qu'elles peuvent produire en étant échangées contre des richesses vivantes ; et à côté de la catégorie des richesses vivantes qui seules répondent à la dénomination de capital proprement dit, telle que je l'ai définie, se place la catégorie autrement nombreuse des capitaux à titre individuel, qui ne sont, en définitive, que des *capitaux en puissance*.

C'est ainsi que prit naissance ce phénomène économique de l'intérêt procuré par toute richesse avancée.

Transposons maintenant le même raisonnement dans le cadre économique actuel et voyons si cette transposition nécessite quelque modification à ses conclusions.

Les seuls arguments sur lesquels se fondèrent à l'origine l'exigence et le consentement d'un intérêt en cas d'avance furent :

1° La gêne imposée à celui qui consent l'avance et évitée du même coup à celui qui la sollicite, le premier étant contraint de retarder la satisfaction de certains de ses besoins en souffrance, le second étant mis à même de l'avancer ;

2° La possibilité d'échanger la richesse avancée entre une richesse vivante qui produirait automatiquement un revenu pendant la durée de l'avance, possibilité à laquelle le premier doit renoncer, le second étant mis à même d'en profiter ;

3° Je ne cite plus que pour mémoire le troisième argument, risque de non-remboursement, car c'est celui que personne ne conteste.

Or, qui oserait soutenir que ces arguments, qui furent valables à l'origine, n'ont pas continué à le rester depuis, sans aucune solution de continuité, et qu'ils ne le sont pas encore, même à l'heure actuelle ?

Dès lors, je suis en droit d'avancer que ce sont ces mêmes arguments qui déterminèrent à l'origine l'exigence et le consentement de l'intérêt en cas d'avance, qui ont continué à les déterminer par la suite et qui les déterminent encore. Seulement leur action déterminante, raisonnée à l'origine, est devenue peu à peu inconsciente, mais ils n'en agissent pas moins.

C'est d'ailleurs ce que je vais m'efforcer de prouver.

CHAPITRE VII

Vérification de la théorie de l'intérêt des capitaux à titre individuel, par la démonstration « a priori » de la loi de la baisse de l'intérêt.

Nous avons vu que la théorie de l'intérêt, dans le cas du capital proprement dit, se vérifie en ce sens qu'elle permettait de prévoir avec certitude les phénomènes encore inexpliqués dont la constatation a permis de poser la loi du rendement non proportionnel au travail en agriculture. Nous allons constater maintenant que la théorie de l'intérêt, dans le cas du capital à titre individuel, tire sa vérification de la démonstration *a priori* de la *loi de la baisse de l'intérêt.*

Cette loi est tirée de la constatation d'un phénomène économique très important et encore inexpliqué dont la théorie que je viens de développer fournit très aisément l'explication.

Le cours de l'intérêt baisse d'une manière graduelle et continue ; c'est un fait (je fais naturellement abstraction ici de la hausse accidentelle que la guerre occasionna).

Les économistes ont bien invoqué certains arguments pour justifier cette baisse après coup, mais ils reconnaissent eux-mêmes qu'aucun de ces arguments n'est décisif.

Parmi les changements de conditions qui caractérisent le progrès économique, ils en découvrent bien qui seraient susceptibles de déterminer logiquement une baisse de l'intérêt ; mais ils découvrent immédiatement que ces mêmes changements entraînent d'autres conséquences qui sont, non moins logiquement, susceptibles de déterminer une hausse équivalente : de sorte qu'en définitive le taux de l'intérêt devrait rester stationnaire.

Exemple : la richesse de tous se développe d'une façon telle, que la richesse moyenne de chacun se développe forcément aussi. Dans ces conditions, chacun étant plus riche que par le passé doit avoir moins impérieusement besoin d'avances et doit, en conséquence, être porté à consentir des sacrifices moindres pour en obtenir : d'où tendance à la baisse de l'intérêt.

Mais, d'un autre côté, des entreprises de plus en plus nombreuses se créent pour satisfaire des besoins dont la liste s'allonge tous les jours, et chacune de ces entreprises nécessite la disposition de capitaux de plus en plus considérables. Ceux qui veulent créer des entreprises sont donc de plus en plus nombreux, se font concurrence, et ont besoin d'avances de plus en plus importantes, ce qui doit les porter à consentir des sacrifices plus grands pour en obtenir : d'où tendance à une hausse correspondante.

D'autre part, le progrès augmente la sécurité, ce qui devrait diminuer les exigences de ceux qui avancent des capitaux, puisqu'ils courent moins de risques : d'où tendance à la baisse de l'intérêt. Mais cette même sécurité permet d'organiser les entreprises d'une manière plus durable, ce qui augmente leur rendement et permet aux entrepreneurs d'offrir des intérêts plus élevés à ceux qui leur avancent des capitaux : d'où tendance à une hausse correspondante.

La cause de la baisse graduelle et continue de l'intérêt est donc encore à trouver, à tel point que certains économistes, en désespoir de cause, n'ont pas hésité à avancer que c'était là, peut-être, un phénomène purement passager.

Eh bien, non ! La baisse de l'intérêt est un phénomène absolument normal, un phénomène que le raisonnement permettait de prévoir avec certitude, et sa cause, très facile à discerner, permet d'affirmer à l'avance que nécessairement, que fatalement, elle se poursuivra d'une manière graduelle et continue.

En effet, l'intérêt exigé et consenti en cas d'avance est presque exclusivement basé sur la possibilité d'échanger la richesse avancée contre une richesse vivante, laquelle produit des revenus en nature.

Aux débuts de l'évolution économique, périodes pastorale et agricole, presque toutes les richesses existantes étaient des richesses vivantes ; il existait très peu d'autres richesses. Il était donc non seulement possible, mais encore excessivement facile d'échanger une richesse quelconque contre une richesse vivante, puisque les richesses vivantes constituaient à elles seules la presque totalité des richesses existantes.

Mais au fur et à mesure que le mécanisme économique se perfectionne, la proportion des richesses vivantes par rapport à l'ensemble des richesses existantes diminue de plus en plus, et il devient, en conséquence, de plus en plus difficile d'obtenir une richesse vivante en échange d'une autre. La possibilité d'échanger une richesse quelconque contre une richesse vivante, pour la laisser fructifier, existe bien toujours, mais, pour user de cette possibilité, on se heurte à des difficultés pratiques de plus en plus grandes. Il est donc logique, fatal même, que le taux de l'intérêt baisse d'une manière graduelle et continue, puisqu'il devient pratiquement de plus en plus difficile d'user de la possibilité avantageuse sur laquelle, presque exclusivement, se fondent et l'exigence de ceux qui le touchent, et surtout le consentement de ceux qui le versent.

C'est ainsi que s'explique la baisse du cours de l'intérêt. Seulement, dans la réalité, les choses se passent d'une façon plus compliquée dont je vais donner un rapide aperçu, en même temps que je réfuterai une objection qui s'est très certainement présentée à l'esprit du lecteur :

« Tout cela, doit-il penser, c'est peut-être vrai théoriquement, mais je ne sais pas ce que l'explication vaut au point de vue pratique. Il est bien certain que, personnellement, lorsque je prête ou que j'emprunte de l'argent, l'idée ne me vient même pas de songer que j'ai la possibilité — mettons avantageuse — d'échanger cet

argent contre des richesses vivantes que je lais-
serais fructifier ! Et cette idée me viendrait-elle
à l'esprit que je ne la prendrais même pas en
considération, car, ma brusque transformation
en gentleman-farmer soulèverait, en ce qui me
concerne, des difficultés d'ordre pratique telles,
qu'elles frisent l'impossibilité. »

Ceci, je vous l'accorde ; et je vous concède
même que ces difficultés ne vous sont pas per-
sonnelles ; elles sont communes à toute une
classe de la population — les citadins — classe
à laquelle cette objection me prouve que vous
appartenez. Et c'est même parce que cette classe
devient de plus en plus nombreuse que l'intérêt
baisse, ainsi que nous l'allons voir.

Mais, par contre, en toute impartialité, vous
devez m'accorder qu'il existe pas mal de personnes d'une autre catégorie — les ruraux, —
pour lesquels cette possibilité existe bel et bien.
Et ceux-là, qui constituent une part encore très
importante de la population, ne négligent pas
cette possibilité avantageuse, croyez-le bien !

Or, pour que cet élément d'appréciation influe
sur les conditions d'une avance, il suffit qu'il
soit pris en considération par une seule des parties en cause, le prêteur ou l'emprunteur, ce qui

augmente encore très sensiblement la proportion des cas sur lesquels il influe.

A première vue, il semblerait donc qu'il
devrait y avoir non pas un taux d'intérêt uni-
forme, mais trois taux différents qui, dans
l'ordre dégressif, correspondraient aux trois cas
où il y aurait, parmi les deux parties contractantes : 1° deux ruraux ; 2° un rural et un citadin ; 3° deux citadins.

Mais, dans la pratique, comme les conditions
des avances ne sont pas tenues secrètes, et que
nul ne veut emprunter de l'argent à des conditions plus onéreuses que son prochain, ni en
prêter à des conditions moins avantageuses que
lui, il s'établit un taux moyen, à peu près unanimement observé et qui correspond à ce qu'on
appelle *le cours de l'intérêt*. De sorte que la
baisse graduelle et continue du taux de l'intérêt
est déterminée, moins comme je l'avais avancé
tout à l'heure dans un but de simplification,
par le sentiment des difficultés grandissantes
que chaque individu devrait personnellement
surmonter pour acquérir et laisser fructifier des
richesses vivantes, car la chose lui est ou très
facile s'il est rural, ou pratiquement impossible
s'il est citadin, moins, dis-je, par le sentiment de

ces difficultés que par la proportion, que nous savons de plus en plus faible, des ruraux par rapport à l'ensemble de la population. Or, comme la proportion des ruraux relativement à l'ensemble de la population baisse pour les mêmes raisons que la proportion des richesses vivantes relativement à l'ensemble des richesses existantes, le principe reste évidemment le même.

Vous auriez donc tort de croire que ce n'est pas la possibilité d'acquérir et de laisser fructifier des richesses vivantes qui dicte le taux de l'intérêt, sous prétexte que, pour vous personnellement, cette possibilité n'existe pas ! Le taux de l'intérêt est fixé non pas dans chaque groupe isolé d'un prêteur et d'un emprunteur, mais par l'ensemble de tous les prêteurs et de tous les emprunteurs ; et, dans ces deux camps, la proportion des ruraux est encore assez forte pour que cet élément d'appréciation influe d'une manière très sensible, d'autant plus, je le répète, qu'il suffit, pour qu'il intervienne, qu'il soit pris en considération par une seule des parties contractantes, ce qui augmente encore son influence.

CHAPITRE VIII

D'où vient l'intérêt procuré par les capitaux à titre individuel ?

Nous venons de voir comment s'explique la baisse de l'intérêt au point de vue de ceux qui le touchent ou qui le versent ; il est intéressant de rechercher comment s'explique la même loi au point de vue de l'intérêt lui-même et de rechercher à cet effet d'où provient cet intérêt. En le recherchant, je ne ferai, d'ailleurs, que tenir la promesse faite au début de cette discussion. Car je me suis engagé à rechercher les causes déterminantes de l'exigence et du consentement de l'intérêt et ensuite la *provenance de cet intérêt. Je signale en passant que toutes les explications de l'intérêt proposées jusqu'ici négligent complètement ce côté du problème, qui en constitue pourtant à mon avis la partie la plus importante.*

La totalité de l'intérêt et de la rente proprement dits, tels que je les ai définis, c'est-à-dire l'accroissement des richesses animales et végétales, défalcation faite de la part due au travail, constitue le fonds dans lequel se puise l'intérêt à titre individuel dont le taux baisse naturellement, au fur et à mesure qu'augmente le nombre des bénéficiaires entre lesquels il doit se répartir.

Voici comment s'effectue cette répartition :

Le possesseur d'un troupeau, par exemple, commence par bénéficier seul de tout l'accroissement automatique de ce troupeau. Or, on constate en Nouvelle-Calédonie, contrée où beaucoup de bétail est livré à lui-même sans être aucunement travaillé, que, dans ces conditions, l'effectif d'un troupeau se double en trois ans. Son accroissement automatique annuel, composé de l'intérêt et de la rente, représenterait donc, au total, 30 % environ du capital.

Ces 30 %, c'est évidemment le propriétaire du troupeau et du pâturage (admettons que ce soit le même) qui commence par en bénéficier. Mais il ne les garde pas tout entiers. En effet, il profite lui-même d'une foule d'avances qui lui sont nécessaires et qui lui sont consenties, tantôt directement quand il reçoit, par exemple, des avances de numéraire, tantôt indirectement, comme c'est le cas chaque fois qu'il achète des marchandises quelconques chez un commerçant qui a dû en avancer le montant ou se le faire avancer.

Or, il est bien évident que quiconque consentira une avance en numéraire à cet éleveur, sera parfaitement fondé à retourner contre lui tous les arguments sur lesquels lui-même basa l'exigence d'un intérêt dans le cas, précédemment discuté, de l'avance qui lui fut demandée. Et il est bien évident aussi que celui qui lui vendra des marchandises et qui aura dû avancer le coût des matières premières et du travail qu'elles contiennent, sera fondé aussi à émettre la même exigence, fondée sur ces mêmes arguments. Car l'argent avancé, directement dans le premier cas, indirectement dans le second, pourrait servir à acquérir des richesses vivantes qui produiraient, indépendamment de tout travail, un revenu automatique ; et cet avantage ne sera pas abandonné au profit de l'éleveur, sans qu'à titre de compensation celui-ci en attribue au moins une part à celui qui l'abandonnera pour l'en faire profiter. Or, sur quoi donc l'éleveur prélèverait-il cet intérêt qu'on lui réclamera, sinon

sur les 30 % représentant l'accroissement automatique annuel de son troupeau ?

Et ceux qui vont ainsi toucher directement ces
prélèvements seront, eux aussi, appelés à profiter d'une foule d'avances qui leur seront consenties, tantôt directement, en numéraire, plus
souvent indirectement, en marchandises qui contiennent des matières premières et du travail
dont le coût aura dû être avancé.

Ceux-ci, à leur tour, seront pareillement
amenés à servir un intérêt qui sera prélevé sur
la part de l'accroissement automatique des
richesses vivantes qu'ils ont obtenue, c'est-à-dire
sur le fonds constitué par l'ensemble de l'intérêt
et de la rente proprement dits ; et ainsi de suite.

De sorte que les 30 % que nous avons supposé
correspondre au taux de l'ensemble de l'intérêt
et de la rente proprement dits, se répartiront de
façon telle que, la répartition achevée, tous les
bénéficiaires, à chaque degré, auront conservé
ou reçu, en définitive, une part égale aux 5/100°
du capital engagé si le cours de l'intérêt est alors
de 5 %. Et comme, avec le progrès économique,
chacun arrive à profiter du concours d'un
nombre de personnes de plus en plus grand qui
toutes sont amenées à faire des avances contre

lesquelles elles exigent un intérêt, la répartition se fait entre un nombre de bénéficiaires chaque jour plus grand aussi, de sorte que, fatalement, la part revenant à chacun, c'est-à-dire le taux de l'intérêt, baisse de plus en plus.

Comme les raisons pour lesquelles chacun arrive, avec le progrès économique, à bénéficier du concours d'un nombre de personnes de plus en plus grand, sont les mêmes que celles pour lesquelles diminue la proportion des ruraux par rapport à l'ensemble de la population, et sont également les mêmes que celles pour lesquelles la proportion des richesses vivantes diminue par rapport à l'ensemble des richesses existantes, nous sommes amenés à constater que la démonstration de la loi de la baisse de l'intérêt se tire toujours du même argument, qu'on l'envisage au point de vue de ceux qui le versent ou le touchent, ou au point de vue de l'intérêt lui-même.

Mais la conclusion nouvelle à laquelle je viens d'aboutir, c'est que l'accroissement automatique des richesses animales ou végétales constitue le fonds dans lequel est puisé l'intérêt à titre individuel, dont je connais maintenant la provenance.

CHAPITRE IX

b) DE L'INTÉRÊT EN CAS DE LOCATION

Il me reste maintenant à envisager la deuxième façon de se dessaisir temporairement, au profit d'autrui, d'une richesse qui devient, par cela même, un capital à titre individuel. Cette deuxième façon, c'est le contrat de location.

Il existe, je le rappelle, entre un contrat d'avance et un contrat de location, une différence fondamentale qui, à ma connaissance du moins, n'a jamais été soulignée, et qui réside uniquement en ce point que, dans l'avance, on récupère l'équivalent de l'utilité objective temporairement abandonnée, tandis que, dans la location, on récupère une utilité objective inférieure à celle qu'on abandonna.

Nous allons voir que la seule modification à apporter à la solution du cas précédent, pour la rendre applicable à celui-ci, résulte uniquement de ce changement de conditions.

Je tiens d'abord à établir ce premier point : les premiers contrats de location furent postérieurs aux premiers contrats d'avance. C'est d'autant plus évident que les richesses louées furent généralement et sont encore des richesses manufacturées alors qu'il est unanimement admis que le troupeau fut le premier type de capital avancé. Or, le cas du troupeau avancé existait dès le début de l'époque pastorale, époque à laquelle il n'existait encore aucun produit manufacturé.

Dès lors que ce point est admis, que les contrats de location furent postérieurs aux contrats d'avance, en d'autres termes que les conditions d'intérêt en cas d'avance étaient déjà fixées, et qu'un cours d'intérêt était déjà établi, lorsque se discuta le premier contrat de location, point n'est besoin, pour en discuter les conditions, de se reporter à l'époque où il se produisit. La discussion se peut très bien situer à l'époque actuelle. Le taux de l'intérêt seul a changé depuis, mais les raisons sur lesquelles il est fondé étant restées les mêmes, la situation n'a pas varié.

Le type de la richesse louée, c'est la maison

de rapport. C'est donc sur ce cas de location, qui est le cas-type, que je raisonnerai.

Voici comment les choses se passent : je possède 100.000 francs ; je puis, à mon gré, soit capitaliser cette somme telle quelle, soit l'employer à l'achat d'une maison de rapport que je mettrai en location. Si je capitalise la somme telle quelle, j'obtiendrai un revenu périodique, dont le taux, que nous savons fondé sur le revenu automatique des richesses vivantes, sera, je suppose, de 5 %, ce qui correspond à un revenu de 5.000 francs par an, pour 100.000 francs avancés.

Il va de soi que je ne me déciderai à échanger cette somme contre une maison de rapport, que moyennant la certitude qu'elle me procurera, ainsi transformée, un revenu au moins égal, c'est-à-dire un revenu de 5.000 francs par an au minimum.

Mais si j'avance 100.000 francs en numéraire pour un an, au moment de l'expiration de l'avance, outre les 5.000 francs d'intérêt que je toucherai, je récupérerai les 100.000 francs avancés sans qu'ils aient perdu quoi que ce soit de leur utilité objective initiale. J'aurai donc à ce moment-là, les 100.000 francs de principal, plus 5.000 francs d'intérêt.

Au contraire, ma maison s'use et perd chaque année une fraction de son utilité ; exactement le 1/200e si je présume que sa durée normale doit être de deux cents ans.

Pour tenir compte de cette particularité, j'exigerai donc, outre le montant du revenu proprement dit, *que des conditions tout à fait étrangères à la nature de mon capital et à l'usage de ce capital* m'ont déterminé à fixer à 5.000 francs par an, une indemnité annuelle de 500 francs par an qui représenteront la compensation, le dédommagement du 1/200e de son utilité totale qui se consomme chaque année. De la sorte, après deux cents ans, quand ma maison, complètement usée, aura perdu toute son utilité, j'aurai, moi ou mes héritiers, non seulement touché 5.000 francs de revenus tous les ans, mais encore récupéré les 100.000 francs nécessaires à l'achat d'une maison pareille, ce qui me placera dans des conditions absolument identiques à celles qui eussent été les miennes si j'avais, pendant le même laps de temps, avancé en numéraire la somme que la maison m'a coûtée.

Or, cette majoration de 500 francs par an,

pendant 200 ans, durée présumée d'une maison de 100.000 francs, c'est ce qu'on appelle la prime d'amortissement.

Donc, logiquement, le revenu qui doit être exigé et consenti en cas de contrat de location est égal au montant de l'intérêt exigé et consenti en cas d'avance, majoré de la prime d'amortissement (1).

Il va sans dire que ce total constitue le revenu net, défalcation faite de tous les frais d'entretien, d'impositions, d'assurances, naturellement à la charge de celui qui use de la richesse louée et qui doivent, en conséquence, être ajoutés à ce revenu net, pour constituer le loyer. Il est, d'ailleurs, plus exact aussi de classer la prime d'amortissement parmi les frais qui ne font pas partie du revenu net, auquel ils s'ajoutent seulement pour constituer le loyer. En admettant cette classification, on constate que l'intérêt est

---

(1) Ici, pour éviter des longueurs, j'ai simplifié. En réalité, la valeur de ma maison comprend deux parts : la valeur du bâtiment qui s'use et la valeur du terrain qui ne s'use pas. De sorte que, pour être tout à fait précis, je devrais, si mon terrain vaut 20.000 francs et mon bâtiment 80.000, ne faire porter la prime d'amortissement que sur la valeur du bâtiment ; elle deviendrait ainsi de $\frac{80.000}{200}$ soit 400 francs par an

le même dans le cas de la location que dans celui
de l'avance et que son exigence et son consentement sont fondés exactement sur les mêmes
considérations.

Toutefois, ici, le risque de ne pas rentrer en
possession de la richesse louée semble ne pas
exister, la maison étant un bien immeuble que
l'on est toujours certain de récupérer ; mais il
est remplacé par le risque de non-location, ce
qui revient au même. Sur une maison de rapport qui comporte six appartements, je suppose,
je dois, si je suis prévoyant, compter que les six
appartements ne seront pas toujours occupés.
D'ailleurs, toutes les richesses louées ne sont pas
des biens immeubles, de sorte qu'il y a toujours
un risque à courir, risque de non-récupération
dans certains cas, de non-location dans d'autres,
et parfois les deux.

CONCLUSION DE LA TROISIÈME PARTIE

C'est ainsi que j'explique le phénomène économique de l'intérêt procuré par toute richesse

dès qu'étant avancée ou louée, elle est capitalisée.

Avant d'aller plus loin, je tiens à résumer les conclusions auxquelles j'ai jusqu'ici abouti. Je le ferai aussi brièvement que possible :

1° Toute richesse vivante produit par elle-même un revenu automatique dont son possesseur bénéficie sans qu'il lui en coûte aucun travail ;

2° Toute richesse peut, par voie d'échange, être transformée en une richesse vivante qui produira un revenu automatique à son possesseur sans qu'il lui en coûte aucun travail ;

3° Une richesse quelconque ne peut être avancée que moyennant que son possesseur renonce à la possibilité de l'échanger contre une richesse vivante qui lui produirait un revenu automatique, sans qu'il lui en coûte aucun travail. Par contre, la personne qui profite de l'avance est mise à même de profiter de cette possibilité avantageuse. Le premier est donc fondé à exiger un dédommagement, et le second est porté à le lui accorder, car il le peut sans qu'il lui en coûte le moindre travail ;

4° L'accroissement automatique des richesses animales ou végétales constitue le fonds dans lequel se puise l'intérêt procuré par les capitaux qui ne sont pas productifs. Et la proportion des capitaux improductifs par rapport aux capitaux productifs augmentant de plus en plus, ce fonds se répartit entre un nombre de bénéficiaires de plus en plus grand, de sorte que, fatalement, le taux de l'intérêt tend à baisser d'une manière graduelle et continue : d'où la loi de la baisse de l'intérêt.

Je sais que ces conclusions ne seront pas admises sans discussion. Elles ont donné lieu à des objections que je connais, et donneront lieu à d'autres que je prévois sans peine. Je pense pouvoir les réfuter, mais préfère en reporter la discussion à plus tard.

L'intérêt existe, c'est un fait. On peut contester l'explication que j'en donne, mais le fait en lui-même ne peut pas être contesté. Or, ce fait comporte forcément une explication. Je vais donc, avant toutes choses et pour continue, déblayer le terrain, démontrer qu'aucune des explications jusqu'ici proposées n'est satisfaisante. Tel sera l'objet de la quatrième partie.

QUATRIÈME PARTIE

CHAPITRE X

Quatre théories ont jusqu'à ce jour été proposées pour expliquer l'intérêt que tout capital procure à son possesseur. Ce sont : la *théorie de la productivité*, la *théorie psychologique*, la *théorie du loyer* et la *théorie socialiste* ou *théorie de Karl Marx*.

Les économistes dont les idées ont cours à l'époque actuelle, dans leurs ouvrages considérés comme classiques, commencent par exposer tout au long chacune de ces quatre théories ; mais ils font suivre chacune d'elles d'objections et de critiques qui prouvent qu'aucune ne les satisfait pleinement. Comme les critiques qu'ils font à chacune sont d'importance égale, on peut dire qu'une préférence d'ordre sentimental peut seule actuellement décider du choix entre ces quatre théories. En l'état actuel de la science économique, je prétends qu'on n'a pas le droit, comme on se laisse trop facilement aller à le faire, de considérer la théorie socialiste comme une hérésie, car elle ne vaut pas moins que les autres.

Aucune de ces quatre théories ne s'inquiète de déterminer quelle est la provenance de l'intérêt ; et comme aucune non plus n'établit qu'un autre facteur que le travail intervienne dans sa production, toutes admettent, au moins implicitement, que l'intérêt doit être prélevé sur la part de production due au travail. C'est-à-dire qu'en définitive, la théorie psychologique, la théorie du loyer et même la théorie de la productivité telle qu'on l'expose actuellement, abondent toutes trois dans le sens de la théorie socialiste à laquelle on prétend pourtant les opposer.

Seule, la théorie de la productivité établit une distinction entre l'intérêt dans le cas du capital proprement dit et l'intérêt dans le cas du capital à titre individuel.

Ce sera, pour cette raison, celle que je discuterai la première.

a) RÉFUTATION DE LA THÉORIE DE LA PRODUCTIVITÉ

J'emprunterai l'exposé de cette théorie aux *Principes d'Economie politique* de Gide :

« D'où vient le revenu du capital ?

« *Pour la terre ou les êtres vivants, le revenu,* « *c'est tout ce qui se détache périodiquement du* « *fonds (revenu, ce qui revient), récolte du* « *champ, fruit de l'arbre, croît et laine du trou-* « *peau, etc. On peut consommer le fruit : le* « *fonds demeure.* » (1).

« Mais, pour le capital, qu'est-ce que le « revenu ? Comment lui donne-t-il naissance ? « La question n'est pas aussi simple qu'on le « croit communément. Récemment, de gros et « savants livres ont été consacrés à chercher la « réponse, sans qu'on soit bien sûr encore « qu'elle ait été définitivement trouvée. Les « explications sont nombreuses pourtant. Voici « les principales :

« La plus simple *assimile* le revenu du capital

____

(1) Je fais remarquer au lecteur combien les passages soulignés coïncident avec les idées que j'ai développées dans la théorie de l'intérêt, dans le cas du capital proprement dit.

« précisément aux revenus de la première caté-
« gorie, c'est-à-dire aux fruits et au croît. C'est
« la théorie de la productivité. Elle ne prétend
« point cependant *que le capital se reproduira à*
« *la façon d'un être vivant — sauf quand ce capi-*
« *tal se présente sous la forme d'un troupeau ou*
« *d'une vache (remarquez que telle a été l'ori-*
« *gine étymologique du capital, cheptel, le*
« *bétail prêté)* (1) — mais elle montre le capital
« produisant par le moyen du travail. Comme
« le montrait Bastiat, dans un apologue, un
« rabot permet à un ouvrier de faire deux fois
« ou même dix fois plus de planches qu'il n'en
« faisait avec ses mains. Eh bien ! les planches
« supplémentaires dues à l'emploi du rabot,
« c'est ce qui constitue le revenu du rabot. Et
« si le propriétaire du rabot, au lieu de l'em-
« ployer pour lui-même, le prête à autrui, il est
« tout naturel qu'il réclame comme une sorte de
« dividende, une partie au moins des planches
« supplémentaires produites : le revenu origi-
« naire du rabot devient ainsi l'intérêt. »

C'est ainsi qu'est actuellement exposée la
théorie de la productivité. En ce qui concerne sa
première partie, dans laquelle elle voit le revenu

____

(1) Voir note à la page précédente.

de la terre et des êtres vivants, dans tout ce qui se détache périodiquement du fonds, récolte du champ, fruit de l'arbre, croît et laine du troupeau, je n'ai absolument rien à objecter, puisque tout ceci coïncide avec les idées que j'ai jusqu'ici développées.

La seule partie que je critiquerai est la seconde, dans laquelle elle explique l'intérêt à titre individuel en assimilant le revenu d'un rabot au revenu de la terre et des richesses vivantes ! Il n'y a pas la moindre analogie entre le revenu d'un rabot et l'accroissement automatique des richesses vivantes !

J'ai déjà expliqué que tout outil par lui-même est inerte ; que ce n'est pas l'outil qui produit, mais bien le travail de l'homme qui le manie ; en outre que, même si les outils pouvaient travailler tout seuls, comme ils ne sont eux-mêmes que des produits du travail, leurs produits n'en resteraient pas moins des sous-produits du travail humain, qui constituerait le seul facteur originaire intervenant dans cette production.

Je veux cependant insister sur cette dernière proposition.

Un rabot où, d'une façon générale, tout outil et toute machine, augmente le rendement du travail, c'est certain, mais n'a pas de productivité propre.

Je crois avoir démontré dans l'exemple des deux demi-troupeaux que, dans l'accroissement du demi-troupeau travaillé, on retrouvait une part d'accroissement automatique en sus de la part due à l'intervention du travail.

Rien d'analogue ne se constate dans la production obtenue à l'aide d'outils et de machines. Après défalcation de toute la part de production provenant manifestement du travail humain, il ne reste pas le moindre excédent dont la paternité puisse être attribuée à l'outil ou à la machine.

Il suffit pour s'en convaincre de raisonner sur la production totale d'une machine ou d'un outil, depuis sa mise en service jusqu'à son usure complète.

Soit par exemple un rabot, pour s'en tenir à l'exemple de Bastiat, qui, au cours de son existence d'outil, a servi à raboter 2.000 planches. La production que Bastiat attribue au rabot est incluse dans le supplément d'utilité que le rabotage a conféré aux deux mille planches rugueuses, sortant de la scierie, lesquelles sont devenues aptes à mieux satisfaire les besoins à la

satisfaction desquels les planches sont généralement destinées.

Or, ce supplément d'utilité est dû : partie au
travail qui produisit le rabot, partie au travail
de ceux qui le manièrent.

Dans ce supplément d'utilité, conféré aux
planches rugueuses, on ne trouve pas autre
chose que le produit du travail dépensé dans la
construction du rabot, puis dans son manie-
ment. Admettons qu'il ait été construit et manié
dans le même atelier ; si le patron de cet atelier,
imitant le propriétaire des deux demi-troupeaux
de mon exemple, abandonnait à l'ensemble des
ouvriers à ses gages, qui furent employés tant
dans la construction du rabot que dans son ma-
niement, le produit intégral de leur travail commun, *il est clair qu'il ne lui resterait pas le
moindre reliquat provenant du rabot lui-même.*
En conséquence si, sous le nom d'intérêt, il se
réserve une part, il devra nécessairement la prélever sur le produit du travail de ses ouvriers.
C'est pourquoi je suis d'accord avec les socialistes pour refuser à l'outil comme à la machine
toute productivité, indépendante de celle due au
travail ; je serais également d'accord avec eux
pour contester la légitimité de l'intérêt du rabot

si sa prétendue productivité était le seul argument qu'on puisse invoquer pour la justifier.

Pour la même raison, je refuse d'admettre la
théorie de la productivité, entièrement basée sur
cet argument.

En outre, veuillez noter que même si on admettait cette explication de l'intérêt dans le
cas du rabot, l'intérêt de la monnaie, qui est encore la forme de richesse la plus couramment
avancée, ne pourrait être justifié qu'en assimilant cette monnaie à un outil qui augmenterait
le rendement du travail. Et, en effet, on a osé
faire cette assimilation, sous ce seul prétexte que
la monnaie est un *instrument d'échange*, ce qui
est jouer sur les mots !

En résumé, la théorie de la productivité, pour
expliquer l'intérêt, assimile la production des
outils et des machines à la production du sol et
des richesses vivantes, alors qu'il n'existe entre
elles pas la moindre analogie, la première ne
contenant que les produits du travail humain, la
seconde, au contraire, comprenant une part
d'accroissement automatique qui se surajoute
aux produits du travail humain.

De plus, elle ne peut expliquer l'intérêt dans
le cas de la monnaie, qui est la richesse la plus

fréquemment capitalisée, qu'en l'assimilant à son tour à un outil ou à une machine, sous prétexte qu'elle est un *instrument* d'échange, et c'est là un langage figuré qui n'est pas à sa place dans une discussion scientifique !

Enfin, elle passe sous silence le côté le plus important du problème en ne recherchant pas *d'où provient l'intérêt*. Elle reconnaît même, au moins tacitement, qu'il serait prélevé sur les produits du travail, puisqu'elle nous montre *le capital produisant par le moyen du travail !* Dès lors, elle donne raison aux revendications de la classe ouvrière qui exige, à *bon droit*, le produit intégral de son travail et qui naturellement ne verra jamais que des prétextes dans les motifs qu'on invoquera pour l'en frustrer, si plausibles qu'ils soient.

C'est-à-dire qu'en définitive cette théorie abonde dans le sens de la théorie socialiste à laquelle on prétend pourtant l'opposer.

Je viens de discuter la théorie de la productivité telle qu'elle est actuellement formulée ; mais cette théorie ayant été lancée au XVIIe siècle par les physiocrates, je crois qu'il ne sera pas inutile de rechercher comment la concevaient ceux-là même qui la lancèrent, car leurs idées furent quelque peu dénaturées par la suite, ainsi que nous allons le voir.

Quesnay, dans le *Tableau Economique* qui peut être considéré comme la charte de l'Ecole des physiocrates, divise la société en trois classes :

1° La classe *productive*, composée exclusivement des cultivateurs ;

2° La classe *propriétaire*, comprenant les propriétaires du sol, le souverain et les décimateurs ;

3° La classe *stérile*, composée des industriels et des commerçants.

En taxant de stérilité le commerce et l'industrie, il ne prétendait pas nier que ces genres de travaux fussent productifs de richesses ; il entendait seulement que les richesses ainsi produites représentaient l'équivalent du travail dépensé, sans rien de plus, au lieu que les travaux agricoles (qui seuls s'exercent exclusivement sur des richesses vivantes), laissent au cultivateur, après l'avoir remboursé de tout le travail dépensé, un excédent qu'il appelait le « produit net ».

Ce que Quesnay affirmait donc, c'est que les travaux agricoles sont doués d'une productivité privilégiée parce que leurs résultats contiennent quelque chose de plus que le produit du travail dépensé, alors que dans le résultat de tous les autres travaux, on ne retrouve pas autre chose que le produit de ce travail dépensé !

En ceci, je suis complètement d'accord avec lui.

Mais tout ceci se rapporte à l'intérêt dans le cas du capital proprement dit ; voyons maintenant quelles furent les idées de Quesnay au sujet de l'intérêt dans le cas des capitaux à titre individuel. J'en emprunterai l'exposé à l'*Histoire des Doctrines économiques*, de Joseph Rambaud :

« Dans la question de l'intérêt de l'argent,
« Quesnay, très conséquent d'ailleurs avec lui-
« même, prenait une position où ses disciples ne
« le suivirent point. Aussi cet article — paru
« dans le *Journal de l'Agriculture* sous le pseu-
« donyme de NISAQUE (1) — ne fut-il pas re-
« cueilli par Dupont dans sa *Physiocratie.*
« Quesnay part de cette idée que « l'intérêt est
« fondé de droit sur le rapport de conformité
« qu'il a avec le revenu des biens-fonds et avec
« le gain que procure le commerce de reven-

____

(1) *Journal de l'Agriculture*, numéro de janvier 1766.

« deur ». Mais puisque le commerce n'a pas de
« productivité propre, ses gains sont eux-mêmes
« en conformité avec le revenu des biens-fonds :
« par conséquent, c'est ce dernier qui doit,
« dans l'ordre naturel et dans l'ordre de la jus-
« tice », dicter le taux de l'intérêt. »

Pesez bien les termes de cet exposé et vous
constaterez que Quesnay y affirme une chose,
savoir : que c'est le revenu des biens-fonds,
*c'est-à-dire l'accroissement automatique des ri-
chesses vivantes*, qui dicte le taux de l'intérêt.
Or, ceci coïncide absolument avec l'explication
que je donne, à ceci près que Quesnay se con-
tente d'affirmer ce que je me suis efforcé de démontrer.

Mais ce que Quesnay n'a pas recherché, c'est
la provenance de l'intérêt. Se bornant à affirmer
que le revenu des biens-fonds, c'est-à-dire l'accroissement automatique des richesses vivantes,
dictait le taux de l'intérêt, il n'a pas su discerner
qu'il constituait en outre le fonds dans lequel cet
intérêt se puisait. Il n'a pas vu que cet accroissement automatique des richesses vivantes qui,
dans les travaux agricoles, se surajoute aux produits du travail du cultivateur, ne restait pas
tout entier entre les mains de ce cultivateur. Il

ne s'est pas rendu compte que, par le simple jeu de l'intérêt à titre individuel, cet accroissement automatique, dont les agriculteurs commencent en effet par bénéficier, allait se répartir entre les possesseurs de toutes richesses, même non-vivantes, dès qu'étant avancées, ou louées, elles étaient capitalisées. Il crut de bonne foi que l'accroissement automatique des richesses vivantes restait tout entier entre les mains des cultivateurs !

Et cette erreur l'accula à cette conclusion qui en découlait logiquement : la formule de l'impôt unique sur la terre. Puisque la classe des agriculteurs est, dans la société, la seule qui bénéficie de produits naturels qui s'ajoutent aux produits du travail, bénéfice qui se renouvelle chaque année, il est juste qu'elle supporte seule l'impôt !

Seulement, comme il était plus facile d'asseoir un impôt sur un recensement des terres que sur un recensement des richesses vivantes, et que d'autre part le résultat devait être le même, les richesses vivantes ayant généralement le même propriétaire que le sol sur lequel elles vivent, c'est à la charge des propriétaires du sol qu'il mettra cet impôt unique.

Car, à cette époque, la découverte d'une formule équitable d'impôt était le principal but que visaient les économistes, et il faut bien reconnaître qu'il était pratiquement plus facile d'asseoir un impôt sur un recensement des terres dont le total reste constant, que sur un recensement des richesses vivantes dont le nombre est susceptible de varier pendant la durée même du recensement.

En tous cas, une chose est bien certaine, c'est que Quesnay, qui qualifia le commerce et l'industrie de professions *stériles*, aurait protesté de toutes ses forces contre le raisonnement de ses successeurs qui justifie l'intérêt à titre individuel en l'assimilant à l'augmentation de rendement qu'un rabot ou tout autre outil confère au travail de celui qui les manie.

⁎
⁎ ⁎

En résumé, si on envisage la théorie de la productivité telle que la lancèrent les physiocrates et particulièrement Quesnay qui fut leur chef d'École, on constate que cette théorie est exacte en ce qui concerne l'intérêt dans le cas du capital proprement dit.

Qu'en ce qui concerne l'intérêt dans le cas des capitaux à titre individuel, elle énonce une vérité quand elle affirme que c'est le revenu des biens-fonds, c'est-à-dire l'accroissement automatique des richesses vivantes, qui dicte le taux de l'intérêt ; mais que cette vérité, elle a tort de se contenter de l'affirmer sans s'efforcer de la justifier, de la démontrer. Qu'en outre, elle laisse complètement de côté la question de la provenance de l'intérêt, qui constitue pourtant le côté le plus important du problème. Que dès lors, n'ayant pas su discerner que l'accroissement automatique des richesses vivantes se répartissait, par le simple jeu de l'intérêt à titre individuel, entre les possesseurs de toutes les richesses capitalisées, elle s'est imaginée, de bonne foi, qu'il restait tout entier entre les mains des cultivateurs, ce qui l'a conduite à la formule de l'impôt unique sur la terre qui découlait obligatoirement de cette erreur do point de départ et qui décida de la condamnation de toute la doctrine des physiocrates malgré la part importante de vérité qu'incontestablement elle contenait.

Si, au contraire, on envisage la théorie de la productivité telle qu'elle est actuellement formulée, on constate que les successeurs des physiocrates, sous prétexte de compléter leur théorie de l'intérêt, l'ont complètement dénaturée, car considérer un outil, une machine, comme des richesses douées d'une productivité qui se surajouterait à celle du travail, c'est prendre absolument le contre-pied de la théorie des physiocrates qui considéraient toute industrie comme stérile, précisément parce que ses produits ne contiennent que le remboursement du travail dépensé au lieu que seuls les travaux agricoles contiennent un accroissement automatique qui se surajoute aux produits de ce travail dépensé. C'est, en outre, commettre une erreur ainsi que je pense l'avoir établi.

Donc la théorie de la productivité telle que les physiocrates la lancèrent est insuffisante, car elle explique l'intérêt dans le cas du capital proprement dit, mais elle est incomplète et en partie inexacte dans le cas du capital à titre individuel. Et la théorie de la productivité telle qu'elle est actuellement formulée est fausse, car l'argument qu'elle invoque pour justifier l'intérêt à titre individuel ne le justifie pas du tout. En outre, pas plus dans sa forme initiale que dans sa forme actuelle, la théorie de la productivité ne nous dit d'où provient l'intérêt. Dans sa forme actuelle, elle avoue même implicitement qu'il serait prélevé sur les produits du travail, ce qui est inexact. En définitive, la théorie de la productivité, qu'on envisage son ancienne ou sa nouvelle version, est inacceptable.

CHAPITRE XI

b) RÉFUTATION DE LA THÉORIE PSYCHOLOGIQUE

Je vais maintenant exposer, puis critiquer la deuxième explication de l'intérêt, qui est connue sous le nom de théorie psychologique.

Cette théorie se borne à justifier l'intérêt sans chercher à établir sa provenance. A l'entendre, l'intérêt serait un phénomène ressortant uniquement de l'échange et se rattachant, en conséquence, à la *distribution des richesses* et non pas à leur *production* ; or, ceci ne peut guère se concilier avec l'idée, pourtant classique, qui considère le capital comme un facteur de la production !

Elle justifie le prélèvement d'un intérêt, en cas d'avance, par cet axiome psychologique : que tout homme sensé préfère normalement la possession immédiate d'une richesse quelconque, à la promesse même garantie, qu'il possédera, *plus tard*, la même richesse. En d'autres termes, elle affirme qu'un bien présent vaut mieux qu'un bien pareil *qu'il faut attendre*. Cet axiome est généralement exprimé sous cette forme abrégée : *un bien futur ne vaut pas un même bien présent.*

Or, capitaliser une richesse, soit en la faisant valoir par des ouvriers à ses gages, soit en la prêtant à autrui, c'est échanger une richesse immédiatement livrée contre une autre richesse équivalente mais qu'il faut attendre ; c'est échanger un bien présent contre un bien futur. Et si un bien futur ne vaut pas un même bien présent, il faut nécessairement, pour rétablir l'équivalence, ajouter au bien futur quelque chose : c'est précisément ce quelque chose qui constituerait ce qu'on appelle l'intérêt de l'avance.

A ceci, M. Gide objecte que si un bien présent vaut mieux qu'un bien futur, il vaut, *a fortiori*, mieux qu'un bien passé, de sorte qu'au moment du règlement de comptes, le débiteur serait peut-être fondé à rendre moins qu'il n'a reçu (1). Mais c'est oublier que l'intérêt est ici purement contractuel et que c'est par conséquent au moment où l'emprunt est contracté et non pas après coup, que les obligations mutuelles se discutent. Non, le principe qu'un bien futur ne vaut pas un bien présent est un axiome psychologique qui me paraît absolument irrécusable.

Telle est, succinctement mais fidèlement exposée, l'explication de l'intérêt connue sous le nom de théorie psychologique. Passons maintenant à sa critique.

Au point de vue de l'ensemble de la société, cette théorie, n'ayant pas discerné l'existence du capital et de l'intérêt proprement dits, est ainsi conduite à assimiler l'intérêt, *dans tous les cas*

____

(1) Voici exactement le passage de M. GIDE auquel il est fait ici allusion : « Il est évident que la perspective d'un dîner ne peut pas valoir un dîner. Si on niait cette vérité axiomatique, il faudrait alors, pour être logique, soutenir qu'une invitation à dîner dans cent ans, dans mille ans, vaut autant qu'une invitation pour ce soir. Mais peut-être pourrait-on faire remarquer que s'il est vrai qu'un bien présent vaut plus qu'un bien à venir, il est encore plus vrai qu'un bien présent vaut plus qu'un bien passé ; celui qui, au bout de l'an, rend un dîner déjà vieux et oublié, peut estimer qu'il devrait être quitte en rendant un dîner non pas de valeur supérieure, mais de valeur inférieure. Et c'est certainement le sentiment *in petto* de tous ceux qui remboursent. »

à un bénéfice qui sortirait de la poche de l'emprunteur pour entrer dans celle du prêteur, sans qu'au point de vue de l'ensemble de la société, il n'y ait ni gain ni perte. A l'entendre, l'intérêt se rattacherait non pas à la production des richesses, mais à leur distribution.

Un bénéfice correspond en effet à un simple déplacement de richesse ; c'est un gain qui sort d'une poche pour entrer dans une autre, sans que l'ensemble de la société y gagne ni y perde. En outre, il ne peut y avoir bénéfice qu'en cas d'échange seulement et pour un seul des échangistes.

L'intérêt proprement dit, au contraire, est un revenu qui se constate même en dehors de tout échange ; c'est un gain qu'aucune perte correspondante ne contrebalance ; c'est un gain net, c'est une richesse de plus, relativement même à l'ensemble de la société.

Or, ces deux notions distinctes — bénéfice et intérêt — s'appliquent toutes deux à quelque chose d'existant.

Si j'isole le cas de l'avance d'une somme d'argent, qui est la richesse la plus fréquemment avancée et qui, par cela même, répond au capital — type tel que la théorie psychologique le conçoit, il est certain que cette théorie semble avoir raison : en effet, si j'avance 100 francs à une personne qui s'engage à me rendre après un an 105 francs, je suis logique, à mon propre point de vue, quand j'appelle mes 100 francs capital et quand j'appelle intérêt les 5 francs de bénéfice qu'à la fin de l'année ils m'auront procurés sans que j'aie eu à fournir le moindre travail.

Mais, au point de vue absolu, il n'en va plus de même. Pour pouvoir me verser ces 5 francs, mon débiteur devra les prélever sur sa part de richesse à lui, qui sera diminuée dans la même mesure que la mienne sera augmentée. Au point de vue de l'ensemble de la société, il y a là un gain pour moi compensé par une perte équivalente pour mon débiteur ; il y a donc vraiment un bénéfice et, dans ce cas isolé, l'intérêt résulte bien d'un échange et se rattache non pas à la production des richesses mais à leur distribution.

Mais si j'envisage, comme j'en ai incontestablement le droit, le cas autrement typique et pareillement réalisable de l'avance d'un troupeau, il est non moins évident que l'explication fournie par la théorie psychologique n'est plus suffisante. En effet, je possède un troupeau ; ce troupeau se multipliera automatiquement avec le temps, et cet accroissement automatique, absolument indépendant de l'accroissement supplémentaire que le travail pourra y occasionner, constitue incontestablement, lorsqu'on le récolte, une richesse de plus, même relativement à l'ensemble de la société. Là, il ne s'agit plus d'un bénéfice, il y a un intérêt qui se rattache à la production des richesses et non pas à leur distribution, *car il se constate même sans qu'il y ait échange.*

Et si j'avance ce troupeau, celui à qui je l'aurai avancé pourra m'abandonner cet accroissement automatique sans avoir à effectuer le moindre prélèvement sur sa part de richesse à lui. J'aurai donc réalisé un gain qu'aucune perte correspondante ne compensera parce que ce sera un gain net relativement à l'ensemble de la société. Ici, nous sommes bien en présence d'un intérêt, complètement différent d'un bénéfice. Donc l'intérêt proprement dit, tel que je le conçois, se constate en dehors de tout échange et se constate encore même lorsqu'il y a échange.

Or, du moment que cette notion d'intérêt proprement dit, complètement différente de la no-

tion de bénéfice, s'applique à quelque chose
d'existant, il est inexact d'affirmer que l'intérêt
ressort dans tous les cas de l'échange et non de
la production, affirmation qui paraît exacte dans
le cas de l'intérêt à titre individuel, mais qui ne
l'est plus dans le cas de l'intérêt proprement dit.

Dès lors, toute la question est déplacée, car
l'intérêt étant arbitrairement assimilé à un simple bénéfice, il ne s'agit plus que de le justifier,
alors que le côté le plus intéressant du problème
consiste à rechercher sa raison d'être et surtout
sa provenance.

Mais nous allons voir que la théorie psychologique ne se borne pas à déplacer la question,
mais qu'encore, la question étant déplacée,
l'explication qu'elle en donne n'est pas satisfaisante.

Elle justifie bien le principe d'un bénéfice prélevé au profit de celui qui avance une richesse
quelconque, bénéfice qui, individuellement par-
lant, peut être dénommé intérêt ; mais le seul
argument qu'elle invoque, si plausible qu'il soit,
ne saurait suffire à justifier un taux aussi avantageux que celui que cet intérêt atteint pourtant dans la pratique.

En effet, d'après la théorie psychologique,

l'intérêt représenterait seulement la différence qu'il convient d'ajouter à un bien futur pour rétablir son équivalence avec un même bien présent qu'on apprécie davantage. C'est-à-dire que l'intérêt représenterait le simple dédommagement de l'avance. Or, qui dit dédommagement dit compensation exacte d'un préjudice, de façon qu'il ne subsiste après aucun désavantage, mais qu'il n'y ait pas d'avantage non plus. C'est-à-dire que celui qui consent une avance devrait recevoir, sous forme d'intérêt, la compensation exacte du dommage que l'avance lui a causé sous forme de privation, et rien de plus ; car l'intérêt cesserait d'être légitime dès qu'il recevrait davantage. De sorte qu'aux termes de la théorie psychologique, la *capitalisation ne saurait être avantageuse*, puisqu'elle ne donnerait lieu qu'à la compensation exacte d'un préjudice et à rien de plus !

Or, la capitalisation est incontestablement avantageuse, car tel qui conserverait 100.000 fr. de numéraire endormis dans son coffre, ne pourrait en retirer 5.000 francs par an que pendant 20 années à l'expiration desquelles il ne lui resterait absolument plus rien ; tandis que s'il capitalise ces 100.000 francs en les plaçant à 5 %

d'intérêt par exemple, il pourra indéfiniment en retirer 5.000 francs de revenus annuels, tout en restant indéfiniment possesseur de ses 100.000 fr. qu'il transmettra à ses héritiers, sans même les avoir entamés. Il est évident que cette dernière opération aura été essentiellement avantageuse pour lui. D'ailleurs, si la capitalisation n'était pas avantageuse, elle n'aurait pas de raison d'être et personne ne capitaliserait ; de sorte qu'il suffit de constater qu'on capitalise pour être obligé de reconnaître que la capitalisation est avantageuse et que, par conséquent, elle donne lieu à quelque chose de plus que la compensation d'un préjudice subi.

La théorie psychologique ne nous dit pas pourquoi. Si on la rapproche de celle que j'ai proposée, on constate que son explication coïncide avec la conclusion à laquelle j'avais abouti après la discussion du premier point, lorsque j'ai discuté le cas de l'avance sollicitée de l'éleveur.

J'avais été conduit à conclure que le service rendu sous forme d'avance devait normalement donner lieu à un bénéfice pour celui qui consentait à faire cette avance. Et mon argumentation était identique à celle de la théorie psychologique, à cette différence près que je fournissais la raison qui devait logiquement déterminer l'exigence de celui qui faisait l'avance (dédommagement de la gêne qu'il devait s'imposer sous forme de privation) et la raison qui devait non moins logiquement déterminer le sacrifice correspondant consenti par celui qui bénéficiait de l'avance (compensation de la gêne qu'on lui évitait), alors que la théorie psychologique se borne, en l'occurrence, à invoquer cet axiome, dont je ne conteste d'ailleurs pas l'exactitude, qu'un bien futur ne vaut pas un même bien présent.

Mais ensuite, quand j'ai discuté le second point, j'ai été amené à reconnaître que celui qui avançait une somme d'argent devait logiquement exiger et obtenir, en sus de ce bénéfice, en compensation du service rendu et reçu sous forme d'avance, un bénéfice supplémentaire fondé sur l'accroissement automatique, pendant la durée de l'avance, d'une richesse vivante de la même valeur que le numéraire avancé.

Eh bien ! c'est précisément cette deuxième part qui fait que la capitalisation est avantageuse, qu'elle donne lieu à quelque chose de plus que le simple dédommagement du préjudice subi par celui qui consent à se priver pour faire l'avance !

———————

En résumé, la théorie psychologique n'invoque qu'un des trois arguments qui, dans leur ensemble, dictent le taux de l'intérêt, et ce seul argument qu'elle invoque est un de ceux qui influent le moins. Il en résulte que, quelle que soit la valeur de cet argument qu'elle invoque, il justifie bien le principe d'un intérêt, mais ne saurait justifier les taux avantageux que cet intérêt atteint dans la pratique et, qu'à l'entendre, la capitalisation ne saurait être avantageuse, alors qu'elle l'est incontestablement.

En outre, cette théorie ne nous indique pas la provenance de l'intérêt ; elle le considère comme se rattachant à la distribution des richesses et non pas à leur production ; elle le considère comme un bénéfice sortant d'une poche pour entrer dans l'autre. Or, comme elle ne nous signale pas qu'il existe des richesses productives par elles-mêmes, et qu'elle ne considère le capital dans aucun cas comme un facteur de la production, elle ne reconnait pas d'autre facteur que le facteur travail intervenant dans la production de l'intérêt. C'est reconnaître tacitement que l'intérêt doit être prélevé sur la part de production due au travail et donner raison aux revendications de la théorie socialiste à laquelle on prétend l'opposer ; car les travailleurs ne verront jamais qu'un prétexte dans ce seul argument que la théorie pschologique invoque — (un bien futur ne vaut pas un bien présent) — pour les frustrer d'une part des produits de leur travail.

Un bien futur ne vaut pas un même bien présent, d'accord ! Mais si c'est un troupeau que j'avance, il ne sera plus *le même* à l'expiration de l'avance, il se sera accru. C'est-à-dire que si je ne veux pas faire un marché de dupe, je devrai exiger, indépendamment du léger bénéfice qu'il convient d'ajouter à un bien futur pour rétablir son équivalent avec un *même* bien présent qu'on apprécie davantage, qu'on m'abandonne au moins une part de son accroissement automatique pendant la durée de l'avance, accroissement automatique à cause duquel il ne sera pas resté *le même*, et que je puis me réserver tout entier en n'avançant pas le troupeau. Et, dès lors, je fais un marché qui me confère un avantage en plus d'une compensation ; mais cet avantage ne nécessite aucun sacrifice de la part de celui qui me le concède *et qui n'en conserve pas moins le produit intégral de son travail*, de sorte que les socialistes ne pourront pas protester ! Tandis que vous donnez raison à leurs protestations.

Je crois avoir démontré que la théorie psychologique n'est pas acceptable.

CHAPITRE XII

c) RÉFUTATION DE LA THÉORIE DU LOYER

Je commencerai par exposer succinctement cette théorie, je la réfuterai ensuite.

D'après cette théorie, toute richesse acquerrait la qualité de capital dès qu'elle serait louée. Elle voit dans la maison de rapport le type du capital et dans le loyer le type de l'intérêt.

Elle base le bien-fondé de la redevance exigée par le propriétaire et consentie par le locataire, redevance qui, à l'entendre, serait le type de l'intérêt, sur cette unique considération que le premier renonce temporairement à l'usage de la richesse louée, ce qui détermine son exigence, et que le second profite temporairement de ce même usage, ce qui détermine son consentement. En d'autres termes, l'intérêt serait une prime versée et touchée contre l'usage de la richesse louée. Ce serait *le prix de l'usage du capital.*

Telle est, fidèlement résumée, l'explication de l'intérêt connue sous le nom de théorie du loyer. Passons maintenant à sa critique.

Nous allons voir qu'elle est passible des mêmes reproches que la théorie pyschologique.

D'abord, elle non plus n'a pas su discerner l'existence d'une catégorie de capitaux réellement productifs d'intérêt, ce qui l'a conduite à admettre, comme la théorie psychologique, que l'intérêt est un phénomène qui ressort de l'échange et non pas de la production. Dès lors, elle se borne à justifier, à légitimer cet intérêt sans rechercher sa provenance et elle déplace la question.

En effet, elle nous présente la maison de rapport comme le type par excellence du capital ; or, une maison ne se distingue par aucune propriété caractéristique de la généralité des richesses existantes, et, en particulier, elle ne répond pas du tout à l'idée *classique* d'un capital intervenant dans la production comme un facteur à part. Il est facile de s'en convaincre.

Je possède une maison et, au lieu de l'habiter, je la mets en location. Le montant du loyer que je perçois est de 2.000 francs par an, je suppose.

A mon propre point de vue, je suis logique quand j'appelle ma maison un capital, car, sans travail aucun, elle me rapporte un revenu annuel de 2.000 francs que je n'ai que la peine d'encaisser.

Mais, au point de vue général, la chose est toute différente. Le revenu de ma maison ne constitue pas une richesse de plus relativement à l'ensemble de la société, car s'il entre dans ma poche, c'est à la condition de sortir de celle de mon locataire, et il n'y a là qu'un simple déplacement de richesse auquel l'ensemble de la société ne gagne absolument rien.

Avant la location, j'avais le droit d'habiter ma maison et mon locataire avait 2.000 francs ; nous avions, à nous deux : le droit d'habiter ma maison, plus 2.000 francs.

Après la location, c'est mon locataire qui a le droit d'habiter ma maison et c'est moi qui ai les 2.000 francs ; nous avons encore, à nous deux, le droit d'habiter la maison plus 2.000 fr. Au point de vue de la société, il n'y a pas là la moindre richesse nouvelle dont la paternité puisse être attribuée à la maison.

Au contraire, j'ai une poule que je laisse vivre comme elle peut. Un beau jour, cette poule disparaît ; je la crois perdue, lorsqu'elle me revient suivie d'une quinzaine de petits poussins ; elle était allée couver dans la brousse, ne voulant d'aucun soin, d'aucun travail. J'avais auparavant une poule, j'ai maintenant une poule plus quinze poussins qui, aidés de leur mère, sauront bien se débrouiller à trouver leur nourriture, s'il ne me convient pas de la leur donner. J'aurai dans quelques mois seize volailles et les quinze volailles supplémentaires constitueront une richesse de plus, non seulement pour moi, mais aussi relativement à l'ensemble de la société. Voilà un intérêt, produit sans travail humain, dont la production peut, sans crainte d'erreur, être attribuée à la poule vivante qui répond bien à l'idée *classique* d'un capital intervenant dans la production, indépendamment du travail et pour son propre compte ; tandis qu'une maison de rapport ne répond pas du tout à cette même idée.

Et si, au lieu d'être le propriétaire de cette poule, je n'en suis que le locataire, elle n'en conservera pas moins cette propriété de procurer, sans travail humain, des revenus, sous la forme des œufs qu'elle pondra, lesquels, s'ils sont couvés, donneront des volailles qui pondront et couveront à leur tour et ainsi de suite. L'intérêt est donc ici un phénomène qui ressort de la production et non pas de l'échange. Je crois donc qu'une poule, et en général toute richesse vivante, qui peut très bien se louer au même titre qu'une maison et répond par conséquent à la notion de capital telle que la théorie du loyer la définit, constitue un capital autrement typique qu'une maison de rapport.

Ici je me suis attiré cette objection :

« Vous dites que le loyer n'est qu'une somme
« d'argent qui passe d'une main dans l'autre : le
« propriétaire est plus riche d'autant, le loca-
« taire plus pauvre d'autant. Du tout, le loca-
« taire n'est pas appauvri, puisqu'en échange de
« son argent il a reçu cette très grande utilité
« qui s'appelle le logement, plus grande certes
« que d'avoir recueilli chaque jour les œufs
« d'une poule louée. »

A ceci je réponds : Pardon, je n'ai jamais dit

que la location d'une maison laissait le locataire appauvri. J'ai dit seulement et je maintiens que l'opération laissait le groupe constitué par le propriétaire et le locataire *ni plus ni moins riche qu'avant*, puisqu'ils ont toujours à eux deux l'usage de la même maison, plus le montant du loyer, qui n'ont fait que passer d'un possesseur à l'autre sans qu'il y ait ni gain ni perte pour l'ensemble des deux, ni par conséquent pour la société tout entière.

Tandis que dans le cas de la poule louée, outre la poule initiale et le loyer qui changent également de mains, il y a les œufs récoltés qui deviennent poussins, puis poules, qui pondront et couveront à leur tour et ces revenus en nature constituent autant de richesses nouvelles, autant de richesses de plus, même relativement à l'ensemble de la société.

L'utilité de la maison existait d'ailleurs avant comme après la location ; ce n'est donc pas une conséquence de cette location, qui, aux termes de la théorie du loyer, conféra à la maison la qualité de capital. Ce n'est pas non plus le produit du capital-maison, mais le produit du travail de ceux qui la construisirent.

D'ailleurs, approfondissons le cas de la maison et supposons qu'au lieu de la mettre en location je l'habite. Chacun admettra que rien ne sera changé au point de vue de l'ensemble de la société, car peu lui importe que ma maison soit habitée par moi ou par un autre.

Je dois donc admettre que si ma maison procure réellement un revenu dans le premier cas, elle le procure aussi dans le second. Mais alors, le véritable revenu d'une maison, le seul qui s'applique à tous les cas, c'est l'abri, c'est le confort qu'elle procure, ce sont les services qu'elle rend ! A ce compte, toutes les richesses qui résisteraient à un usage tant soit peu prolongé seraient des capitaux : capitaux mes vêtements, mon linge et mes chaussures, capital la chaise où je suis assis, capital la table sur laquelle je travaille, capital le porte-plume avec lequel j'écris, capital encore l'encre dans laquelle je trempe ma plume, capital enfin l'encrier qui contient cette encre, car toutes ces richesses et une foule d'autres me rendent des services prolongés au même titre qu'une maison !

Une maison, pas plus qu'un porte-plume, qu'un fauteuil ou qu'un chapeau, n'a jamais rien produit ; au point de vue de l'ensemble de la société, elle ne jouit pas de la moindre pro-

priété de plus que la grande généralité des richesses, et rien ne justifie la nécessité de l'en
distinguer par une appellation spéciale. Elle
n'est capital qu'au point de vue individuel, mais
au point de vue social c'est une richesse au
même titre que toutes les autres. Or, comme la
notion de capital à titre social s'applique à
quelque chose de réellement existant, la théorie
du loyer déplace la question absolument comme
la théorie psychologique.

Mais nous allons voir que, la question étant
ainsi déplacée, elle ne la résout pas d'une façon
satisfaisante. Elle nous fournit une explication
de l'intérêt à titre individuel aussi incomplète
que l'explication différente proposée par la théorie psychologique. L'argumentation qu'elle invoque pour légitimer l'intérêt dans le cas de la
location est tout aussi insuffisante que l'argumentation différente que la théorie psychologique invoque pour justifier l'intérêt dans le cas
de l'avance. Comme la théorie psychologique, la
théorie du loyer arrive bien à justifier le principe d'un intérêt, mais l'argument qu'elle in-

voqué, si plausible qu'il soit, ne saurait suffire à justifier des taux aussi avantageux que ceux que cet intérêt atteint dans la pratique.

Car, pour peu qu'on approfondisse la théorie du loyer, on constate qu'elle ne se borne pas à justifier le principe de l'intérêt, mais qu'encore *elle fixe bel et bien le taux de cet intérêt, malgré que personne ne semble s'en être aperçu.*

En effet, d'après la théorie du loyer, l'intérêt représenterait le prix de l'usage de la richesse louée. Or, je suis propriétaire d'une maison de rapport, qui vaut 100.000 francs, je suppose ; cette maison, je puis, à mon choix, la louer ou la vendre. Si je la vends, je cède son usage pendant toute la durée de son existence et j'en retirerai 100.000 francs. Si je la loue, je cède son usage pendant seulement une fraction de son existence. Donc, si j'estime à deux cents ans la durée probable de ma maison et que je la loue pour un an, *je n'ai pas le droit, aux termes de la théorie du loyer, d'exiger plus que le deux-centième du prix que j'obtiendrais en la vendant, c'est-à-dire si je cédais d'un seul coup toute son utilité au lieu d'en céder seulement le deux-centième.* C'est-à-dire que je n'ai pas le droit d'exiger un loyer supérieur à 500 francs par an. De cette façon, quand, après deux cents ans de location et d'existence, ma maison, complètement usée, sera devenue inutilisable, j'aurai, moi ou mes héritiers, récupéré, fractions par fractions, l'équivalent de son utilité totale, qui, à s'en tenir au seul argument invoqué par la théorie du loyer, serait la seule base du dédommagement auquel j'aie droit. On n'a même pas le droit de m'objecter que ce contrat de location sera pour moi moins avantageux qu'un contrat de vente, sous prétexte que je ne récupérerai que par échéances successives la totalité de la somme que j'aurais touchée d'un seul coup si j'avais vendu ma maison au lieu de la mettre en location ! On ne peut pas me faire cette objection, car la théorie du loyer, au contraire de la théorie psychologique, ne fait nulle part allusion à l'inégalité entre un bien présent et un bien futur.

Donc, à s'en tenir à l'explication de la théorie du loyer, le revenu net d'une maison devrait, pour être légitime, ne jamais dépasser la prime d'amortissement ; de sorte que, se fondant sur elle, les socialistes ont beau jeu pour traiter tous les propriétaires d'insatiables vautours ! En effet, ce qui prouve bien que cette explication n'est pas la bonne, c'est que les faits démentent catégoriquement cette conclusion, car, dans la pratique, le taux des loyers est incomparablement plus élevé et vous chercheriez vainement à louer pour 500 francs par an un immeuble valant 100.000 francs ! Et cela parce que, contrairement aux termes de la théorie du loyer, le taux des loyers est dicté par un ensemble de considérations dont les plus importantes sont absolument étrangères à la nature de la richesse louée et à l'usage qu'on veut en faire.

En effet, supposons que l'intérêt moyen rapporté par l'argent placé soit de 5 % et recherchons comment on s'y prendra pour calculer le montant du loyer à exiger d'une maison de rapport du prix de 100.000 francs.

Si je plaçais mes 100.000 francs à 5 %, se dira le propriétaire, au lieu de les consacrer à l'achat d'une maison de rapport, ils me rapporteraient un intérêt de 5.000 francs par an. Ma maison devra donc me rapporter aussi un intérêt net de 5.000 francs.

Il fixera donc uniquement l'intérêt de sa maison d'après l'intérêt de l'argent placé ; c'est-à-dire que, contrairement à la théorie du loyer, le taux de cet intérêt lui sera dicté par une considération absolument étrangère à la nature et à l'usage de la richesse louée.

Ce n'est qu'après avoir ainsi fixé l'intérêt net de son capital-maison à 5.000 francs, qu'il songera à envisager la nature spéciale de ce capital pour en déduire le montant du loyer qui correspondra à cet intérêt net.

Si je place 100.000 francs à 5 %, raisonnera-t-il, je toucherai chaque année 5.000 francs de revenus nets de toute charge. Au contraire, ma maison me coûte chaque année : 500 francs d'impositions, 500 francs d'assurances, 500 francs d'entretien, auxquels je dois ajouter 500 francs pour me couvrir des risques de non-location, soit au total 2.000 francs de frais. Pour être dans des conditions identiques à celles qui eussent été les miennes, si j'avais placé mes 100.000 francs à 5 %, je devrai retrouver, dans le loyer, outre les 5.000 francs d'intérêt, le remboursement de ces 2.000 francs de frais, ce qui porte le loyer à 7.000 francs.

Mais, en outre, si je place 100.000 francs à 5 %, non seulement ce placement me procurera indéfiniment un revenu annuel de 5.000 francs, mais, encore, je conserverai toujours la faculté de récupérer mes 100.000 francs sans qu'ils aient perdu quoi que ce soit de leur utilité objective.

Au contraire, ma maison s'use et perd chaque année une fraction de son utilité, exactement le 1/200°, si je présume qu'elle doit durer 200 ans.

Toujours pour maintenir ma situation conforme à ce qu'elle serait si j'avais placé mon argent à 5 % au lieu de le consacrer à acheter une maison, il faudra donc que je retrouve dans le loyer $\dfrac{100.000}{200}$, soit 500 francs de plus par an qui représenteront l'équivalent du 1/200° de l'utilité totale perdue chaque année par une maison de 100.000 francs devant durer 200 ans. Le loyer devra donc être au total de 7.000 + 500, soit 7.500 francs.

Ainsi raisonnera tout individu auquel on offrira une maison de rapport au prix de 100.000 francs.

Dans des conditions correspondant aux données numériques de ce raisonnement, il n'achètera pas si les loyers rapportés par la maison au moment où on lui en propose l'achat, n'atteignent pas 7.500 francs au minimum, et nous sommes loin des 500 francs de la théorie du loyer !

Or, cette dernière majoration de 500 francs par an pour une maison de 100,000 francs devant durer 200 ans, c'est ce qu'on appelle la prime d'amortissement. Loin de se confondre avec l'intérêt de la richesse louée, comme elle le devrait aux termes de la théorie du loyer, elle n'en fait même pas partie. Elle fait partie du loyer, ce qui n'est pas la même chose, au même titre que tous les frais qui sont naturellement à la charge de celui qui use de la richesse louée et que le propriétaire se fait en conséquence rembourser par les locataires. *La prime d'amortissement, c'est une prime accessoire, qui se surajoute à l'intérêt net, dans le but d'assurer artificiellement la perpétuité du capital quand il s'use, pour rétablir sa conformité avec le capital numéraire, qui ne s'use pas.* A vrai dire, le numéraire s'use, quoique lentement, car rien n'est éternel, mais, dans la pratique, tout se passe comme s'il ne s'usait pas, car les pièces de monnaie trop vieilles sont périodiquement retirées de la circulation et remplacées, sans frais, par d'autres pièces toutes neuves.

Donc, la théorie du loyer ne justifie qu'une part du loyer, la prime d'amortissement, et cette part se surajoute à l'intérêt sans en faire partie ;

ce n'est donc pas une théorie de l'intérêt ; ou, du moins, si on la considère comme telle, son insuffisance se prouve par cette constatation que le taux de l'intérêt d'une maison ne saurait, d'après elle, dépasser la prime d'amortissement, alors qu'incontestablement il lui est très supérieur.

En résumé, la théorie du loyer n'explique pas la production de l'intérêt dans le cas du capital proprement dit dont elle ne soupçonne pas l'existence.

En outre, elle justifie bien le principe d'un intérêt dans le cas des capitaux à titre individuel, mais d'un intérêt qui ne saurait, à s'en tenir au seul argument qu'elle invoque, atteindre des taux aussi avantageux que ceux qu'il atteint dans la pratique.

Enfin, elle ne nous indique pas du tout la provenance de cet intérêt, ou plutôt, comme elle considère l'intérêt comme un bénéfice et qu'elle ne nous signale pas d'autre facteur que le travail *intervenant dans la production de cet intérêt*, elle donne, au moins tacitement, raison à la théorie socialiste à laquelle, pourtant, on prétend aussi l'opposer.

Pour toutes ces raisons, cette théorie est inacceptable.

CHAPITRE XIII

d) RÉFUTATION DE LA THÉORIE SOCIALISTE
OU THÉORIE DE KARL MARX

Karl Marx part de cet axiome : « Seul le travail produit. » Il en déduit que toute richesse étant le produit d'un travail quelconque, l'intérêt du capital ne peut qu'être prélevé sur la part de production due à dès travailleurs, part qui devrait intégralement revenir à ces travailleurs.

Tirant avantage de la confusion que les théories classiques font entre le capital dans le sens individuel et le capital dans le sens absolu, il soutient, sans trop de peine, que l'argent, les outils, les machines, les maisons, les matières premières, toutes choses que les économistes considèrent dans le sens absolu comme des capitaux, n'ayant jamais rien produit par elles-mêmes, le revenu qu'elles rapportent à leur possesseur ne peut qu'être prélevé sur la part de production due au travail de quelqu'un. Dès lors, quelle que soit la valeur morale des arguments invoqués pour justifier ce prélèvement, Karl Marx n'y voit que des prétextes, et le condamne dans tous les cas. Et comme le capital ainsi conçu s'alimente continuellement par l'accumulation des intérêts prélevéś par les capitalistes, il pose sa fameuse définition : « Le capital, c'est du travail impayé. »

Pour être tout à fait impartial, je dois reconnaître que Karl Marx, dans toute sa théorie, envisage plutôt la production de valeurs que la production de richesses. L'idée économique de valeur est tellement vague qu'il a beau jeu à en profiter. Je ne le suivrai pas sur ce terrain mouvant, tant je craindrais de m'y enliser après lui. Toutefois, dès que ce sera nécessaire, j'y ferai une incursion, très rapide, mais suffisante pour réfuter sa théorie même en l'envisageant comme lui, au point de vue production de valeurs et non production de richesses.

Je n'admets pas l'axiome de base — seul le travail produit — sur lequel toute cette théorie s'échafaude. Je pense même l'avoir déjà réfuté.

Mais je n'aurai pas besoin de le nier pour l'écarter ; il me suffira, au contraire, d'épouser momentanément les conclusions que les socialistes en tirent, et elles se chargeront bien de se démolir d'elles-mêmes et renverseront du même coup l'axiome qui leur sert de base fragile.

A cet effet, je vais reprendre mon exemple des deux demi-troupeaux en le situant cette fois dans une société utopique exactement conforme à l'idéal socialiste, c'est-à-dire appliquant la fameuse règle : « A chacun tout le produit de son travail sans prélèvement comme sans majoration. » J'admettrai donc que le propriétaire (propriétaire individuel ou *collectif* si vous le préférez) des deux demi-troupeaux de 500 têtes, *les a reçus* en rémunération d'un travail quelconque précédemment accompli.

Donc, mon propriétaire collectif des deux demi-troupeaux les place sur deux pâturages de superficie et de qualité identiques, chacun d'étendue suffisante pour qu'un des demi-troupeaux puisse y trouver sa subsistance, les deux demi-troupeaux étant rigoureusement séparés, de façon qu'aucun mélange entre eux ne soit possible. Dans un but de simplification, j'admettrai en outre que, dans cette société idéale, la terre n'appartient en propre à personne, mais qu'elle est gratuitement à la disposition de qui peut utilement l'occuper. Cette hypothèse est rigoureusement conforme à l'idéal socialiste, et, d'ailleurs, elle n'a d'autre but que d'éliminer la complication résultant de la location des pâturages, complication dont j'ai déjà fourni la solution.

Ainsi que je l'avais déjà fait, je supposerai que le propriétaire collectif des deux demi-troupeaux se décide à faire donner des soins à l'un de ces deux demi-troupeaux, tandis qu'il laissera l'autre vivre en liberté à sa guise, sans soins, c'est-à-dire sans travail. Il se décharge donc des travaux de l'élevage du demi-troupeau qui, seul, doit être soigné, sur d'autres travailleurs auxquels il promet d'abandonner, selon le principe en vigueur, l'intégralité de la production due à leur propre travail sans prélèvement comme sans majoration.

Un an après, on procède au recensement des deux demi-troupeaux pour l'attribution des produits, et conformément à l'hypothèse déjà admise, ce recensement accuse un effectif de 600 têtes dans le demi-troupeau non travaillé et un effectif de 650 têtes dans le demi-troupeau travaillé. C'est-à-dire qu'on constate en fait que le demi-troupeau travaillé s'est accru de 150 têtes, alors que le demi-troupeau non travaillé ne s'est accru que de 100 têtes pendant le même laps de temps.

Logiquement, mon propriétaire collectif en déduit que 50 têtes, différence entre les accroissements respectifs pendant le même laps de temps du demi-troupeau qui fut travaillé (150 têtes) et de celui qui ne le fut pas (100 têtes) représentent intégralement la part de production due au travail.

En exécution de l'engagement contracté, et conformément au principe en vigueur, mon propriétaire collectif abandonne donc aux travailleurs ces 50 têtes qui représentent le produit intégral de leur travail, sans prélèvement comme sans majoration.

Quant aux 100 têtes en excédent qui restent encore à attribuer, il estime, non sans raison, que c'est là une richesse produite, en dehors de tout travail humain, par le demi-troupeau lui-même, puisqu'un accroissement égal fut constaté dans le demi-troupeau identique qui ne fut nullement travaillé. Il juge donc que ces 100 têtes lui reviennent, puisqu'il est propriétaire du troupeau qui les a automatiquement produites, et il les garde, absolument comme il garde les 100 têtes dont s'est accru le demi-troupeau non travaillé, et dont personne ne saurait décemment lui contester la propriété.

Mais les travailleurs qui furent chargés de soigner le demi-troupeau qui fut seul travaillé, pénétrés de la doctrine marxiste qui affirme que toute richesse ne peut être que le produit d'un travail quelconque, et sachant, d'autre part, que le demi-troupeau travaillé par eux ne l'a pas été par son propriétaire collectif pendant l'année écoulée, protestent contre la retenue, au profit de ce dernier, des 100 têtes qu'ils s'imaginent de bonne foi être prélevées sur les produits de leur travail, produits qu'à bon droit ils entendent intégralement recevoir.

Ici, je m'adresserai à tout socialiste convaincu mais de bonne foi. Par socialiste de bonne foi, j'entends celui qui ne tient à ses idées que parce qu'il les croit justes et qui n'hésiterait pas à les rejeter dès qu'il lui serait prouvé qu'elles ne le sont pas. Et encore ne lui demanderai-je pas une concession aussi radicale, mais seulement de bien vouloir, lorsque ses principes seront en contradiction trop flagrante avec l'évidence, consentir tout simplement à les modifier juste ce qu'il faudra pour qu'ils puissent se concilier avec cette évidence.

Je vais donc faire ce socialiste juge du litige que je viens d'exposer, et je veux l'amener à le juger logiquement et équitablement, en lui fournissant tous les éléments nécessaires.

Il est évident qu'à première vue, mon socialiste sera porté à nier les résultats de l'expérience des deux demi-troupeaux, dont la conclusion contredit manifestement l'axiome de Karl Marx : « Seul le travail produit. »

S'il en est ainsi, il n'aura pas d'autre ressource que d'exiger qu'elle soit renouvelée sous son contrôle et sera amené à surseoir à son jugement jusqu'à ce que les résultats de cette nouvelle expérience lui soient connus.

Mais il est certain, abstraction faite des chiffres qui ne sont là que pour fixer les idées, que l'expérience renouvelée conduira aux mêmes constatations, c'est-à-dire qu'il constatera un accroissement d'effectif dans les deux demi-troupeaux, accroissement qui sera plus important dans le demi-troupeau travaillé ; je continuerai, pour la commodité, à exprimer ces accroissements par les mêmes chiffres.

L'expérience renouvelée l'acculera à rejeter définitivement l'axiome de Karl Marx : « Seul le travail produit. » Je prévois bien que, pour le sauver, il tentera d'objecter qu'il y a bien eu création de richesses dans le demi-troupeau non travaillé, mais que le travail étant seul producteur de valeur, ces richesses, qui ne contiennent aucun travail, sont donc sans valeur. Et en ceci, je reconnais impartialement qu'il interprétera la théorie de Karl Marx plus fidèlement que je ne le fais moi-même. Le moment pour moi est venu de faire, dans le domaine si mal connu de la valeur, l'incursion rapide mais suffisante que j'avais annoncée. Il me suffira de mettre mon socialiste en demeure de mettre en vente sur un marché quelconque tout l'accroissement des deux demi-troupeaux, pour qu'il soit amené à constater que les acheteurs attribueront une valeur aussi bien à la part de ces accroissements qui ne contient aucun travail qu'à celle qui en contient, et ceci d'autant plus sûrement que, dans le demi-troupeau travaillé, le départ peut très bien être basé sur le poids, de sorte que les acheteurs n'auront aucune possibilité de distinguer les kilos de viande qui contiennent du travail de ceux qui n'en contiennent pas. *A priori*, il sera obligé de reconnaître qu'il en sera bien ainsi, et que l'axiome de Karl Marx n'est pas défendable, même envisagé au point de vue de la production de valeurs !

Muni de tous les renseignements qui ressortent des raisonnements qui précèdent, mon socialiste sera bien obligé de constater en fait :

1° Que le résultat *dans chaque demi-troupeau* des travaux antérieurs de leur possesseur collectif, c'est la possession d'une richesse constituée par 500 têtes de bétail et pas une de plus. Car leurs travaux précédemment accomplis ayant été rémunérés par ces 500 têtes et ne s'étant pas poursuivis postérieurement à cette rémunération, les résultats de ces travaux n'ont pu se poursuivre postérieurement à leur cessation ;

2° Que le résultat dans le demi-troupeau travaillé des travaux de ceux qui le soignèrent, c'est évidemment la différence entre l'accroissement du demi-troupeau qui fut travaillé et l'accroissement, pendant le même laps de temps, du demi-troupeau identique qui ne fut pas travaillé, soit 150 têtes — 100 têtes = 50 têtes, et pas une de plus ;

3° Qu'il existe dans chaque demi-troupeau un excédent de 100 têtes qui ne sont manifestement dues au travail de personne, puisque cet accroissement de 100 têtes se constate dans le demi-troupeau qui ne reçut aucun soin, aucun travail postérieurement au début de l'expérience, ce qui va nettement à l'encontre de l'axiome de Karl Marx : « Seul le travail produit », qu'il a considéré jusque-là comme un dogme intangible ;

4° Que pour appliquer à la lettre le principe « A chacun le produit intégral de son propre travail, sans prélèvement comme *sans majoration* », il n'aurait pas d'autre solution que d'ordonner la destruction immédiate de ces 100 têtes supplémentaires, sans profit pour personne, puisque leur attribution à qui que ce soit constituerait fatalement, au profit du bénéficiaire, une majoration condamnée par ce principe.

J'aime à croire qu'il répugnerait à un socialiste, imbu d'idées humanitaires, d'ordonner, sans profit pour personne, la destruction d'une richesse existante. J'estime donc que, dans un but humanitaire très louable, il recherchera une solution plus conforme aux intérêts humains : et en cherchant à qui il convient d'attribuer ces 100 têtes, il s'efforcera surtout d'aboutir à une attribution qui, au moins, *ne lèse personne*, et qui fasse bénéficier de cette majoration celui à qui elle doit revenir en bonne logique, sinon en droit. (Or, notez que le droit, en ce qui concerne mon socialiste et dans la société utopique envisagée, ce sera l'application de la formule : « A chacun le produit de son travail sans majoration comme sans prélèvement. »)

Envisageons d'abord l'attribution de l'accroissement automatique du demi-troupeau travaillé.

Pour peu que l'on essaye de se maintenir à peu près d'accord avec la formule : « A chacun le produit intégral de son travail », deux attributions me semblent seulement susceptibles d'être envisagées, savoir :

1° Au possesseur collectif de ce demi-troupeau, qui le reçut en rémunération de travaux précédemment accomplis ;

2° Aux éleveurs qui furent chargés des soins à accorder à ce demi-troupeau (1).

Ce sera, évidemment, cette deuxième solution qui paraîtra à première vue la plus conforme à

____

(1) Il y a bien une troisième solution qui me paraît même susceptible de séduire un socialiste convaincu : ce serait l'attribution à la société tout entière ou au pouvoir qui la représente, lequel s'en servirait pour couvrir toutes les dépenses d'intérêt général, habituellement couvertes par l'impôt. Je n'examinerai cette solution qu'après avoir réglé la question en ce qui concerne les deux autres.

l'idéal socialiste, car le seul travail accompli depuis le début de l'expérience dans le demi-troupeau soigné l'a été par ces éleveurs.

Mais ces éleveurs bénéficieraient ainsi d'une majoration condamnée par le principe : « A chacun le produit de son travail sans prélèvement comme sans majoration », car ils recevraient de toute évidence quelque chose de plus que le produit de leur travail. En outre, que deviendrait dans cette hypothèse l'accroissement automatique pareillement constaté dans le demi-troupeau témoin qui ne fut pas travaillé ? Les éleveurs n'y ont aucun droit, car ils n'eurent nullement à s'occuper de ce demi-troupeau témoin depuis le début de l'expérience, et nous pouvons même parfaitement admettre qu'ils en ignoraient l'existence. Donc, en ce qui concerne l'accroissem automatique du demi-troupeau non travaillé, une seule attribution peut être envisagée : la laisser aux possesseurs de ce demi-troupeau. Mais, dès lors, si on attribue aux possesseurs des deux demi-troupeaux l'accroissement automatique du demi-troupeau non travaillé et pas celui du demi-troupeau travaillé, ils laisseront désormais tout leur bétail vivre en liberté à sa guise, puisqu'ils en retireront ainsi un avantage, alors qu'il n'en retireraient absolument aucun en le faisant soigner. Et ce sera créer pour les ouvriers de l'élevage un risque de chômage ; ce sera donc risquer de les léser.

Mais nous allons voir que l'attribution de l'accroissement automatique du troupeau travaillé à ceux qui le travaillèrent ne ferait pas que risquer de les léser, mais les lèserait effectivement, si paradoxal que ceci paraisse.

En effet, dans le cas où il en serait jugé ainsi, le principe de la chose jugée serait ensuite constamment appliqué ; de sorte que la rémunération de nos ouvriers-éleveurs, s'ils continuaient à soigner un troupeau de 500 têtes, serait fixé à 150 têtes par an. En 18 ans, ils recevraient donc 150 × 18 = 2.700 têtes, en fournissant chaque année le même travail.

Tandis que, dans le cas où il serait jugé que l'accroissement automatique du bétail doit revenir au possesseur de ce bétail, ils pourraient, étant à leur tour possesseurs des 50 têtes qui leur reviendraient dans ce cas, en confier l'élevage à d'autres, quittes à se livrer à d'autres travaux aussi longtemps qu'ils le jugeraient nécessaire. Or, on compte en Calédonie, si je ne me trompe, que l'effectif d'un troupeau de bétail qu'on laisse vivre en liberté à sa guise se double en trois ans. Et 50 têtes, se doublant tous les trois ans selon une progression géométrique, représentent en 18 ans 3.200 *têtes qu'ils pourraient toucher sans avoir à fournir aucun travail*, profitant seulement du jugement qui semblait à première vue les léser en attribuant l'accroissement automatique du bétail aux possesseurs de ce bétail et non à ceux qui le travaillèrent. Au lieu que, selon le jugement qui leur attribuerait cet accroissement automatique, ils ne toucheraient pendant le même laps de temps que 2.700 *têtes en travaillant.*

J'avais donc raison d'avancer que le jugement qui attribuerait l'accroissement automatique du bétail à ceux qui le travaillèrent léserait non seulement le possesseur de ce bétail, mais encore les travailleurs auxquels cet accroissement automatique serait attribué.

Pour toutes ces raisons, je crois que mon socialiste sera amené à reconnaître qu'une seule attribution de l'accroissement automatique du bétail *des deux demi-troupeaux* est défendable comme ne lésant personne : c'est l'abandon de cet accroissement automatique au possesseur du bétail.

Et nous allons voir que les arguments ne lui manqueraient pas pour justifier cette attribution, en prouvant qu'elle est bel et bien conforme à l'esprit de la formule : « A chacun le produit intégral de son travail. » Cette attribution serait même conforme à la lettre de ce principe à la seule condition de l'accepter sous cette variante : « A chacun le produit *de sa peine* sans prélèvement comme sans majoration. »

Je fournirai tout d'abord ce premier argument que, par application stricte de la formule : « A chacun le produit intégral de son travail », les produits d'un travail devant revenir *en toute propriété* à celui qui effectua ce travail, ce dernier doit bénéficier *des produits de ces produits* s'il y en a. En vertu de cette interprétation qui s'impose, le possesseur collectif des deux demi-troupeaux, qui les reçut en paiement de travaux précédemment accomplis, doit également bénéficier du produit intégral de ces troupeaux s'il y en a ; or, il y en a incontestablement. Et je crois que cette attribution ainsi justifiée ne choquerait en rien le socialiste le plus intransigeant ; — premier argument.

Mais j'ai avancé que cette attribution était conforme à l'esprit du principe socialiste : « A

chacun le produit *de son travail* sans prélèvement comme sans majoration. » Et, même à
sa lettre, pourvu qu'on remplace le mot « travail » par le mot « peine ». Je vais maintenant
m'efforcer de le prouver, et cette preuve consti-
tuera le deuxième argument.

Si l'attribution au travailleur du produit intégral de son travail semble, à première vue, juste
et logique, c'est en conclusion d'un raisonnement qui n'est généralement pas formulé, mais
qu'il est facile de rétablir. Il repose sur deux
arguments : un de morale et un de logique.

L'argument de morale procède de cette opinion que le travail étant généralement pénible,
la peine qu'il occasionne mérite une compensation. C'est ce qu'on exprime par ces formules
d'emploi courant : toute peine mérite récompense, toute peine mérite salaire. Cet argument
fixe le droit que tout travail ouvre à une compensation sans fixer l'importance de cette compensation.

Or, le travail n'est pas la seule chose pénible :
la privation, l'abstinence le sont aussi. J'ose
même affirmer que la privation, l'abstinence
sont plus pénibles que le travail. J'en vois une
preuve concluante dans cet argument : *pour*

qu'à l'origine l'homme se soit librement décidé à accomplir un certain travail en vue d'obtenir une richesse quelconque, il a nécessairement fallu que la gêne qu'il ressentait à être privé de cette richesse fût plus forte que la gêne qu'il allait avoir à s'imposer, sous forme de travail, pour l'obtenir ; sans quoi, il se fût abstenu, car il est bien évident qu'il eût préféré continuer à endurer la gêne de la privation que de s'imposer une gêne plus forte pour la faire cesser.

Donc, si le travail mérite une compensation pour cette seule raison qu'il est pénible, la privation, qui est encore plus pénible, mérite *a fortiori* une compensation.

Or, le propriétaire collectif qui reçut les deux demi-troupeaux en paiement de travaux précédemment accomplis, avait incontestablement, quand il les reçut, le droit de les abattre pour en vendre la viande et acheter, avec l'argent retiré de cette vente, d'autres richesses qu'il aurait pu immédiatement employer à la satisfaction de certains de ses besoins en souffrance ; du seul fait qu'il s'en est abstenu, il s'est imposé une privation, une gêne qui, au même titre que la gêne inhérente à tout travail, mérite une compensation dont l'importance reste seule à déterminer.

L'argument de logique est celui sur lequel se fonde la fixation de l'importance de la compensation à accorder à un travail.

Il est logique que la compensation à attribuer à un travail englobe tous les résultats de ce travail et rien que ces résultats ; de la sorte, la récompense du travail étant entièrement tirée de ses propres résultats et les contenant tous, son attribution au travailleur qui l'a accompli ne saurait léser qui que ce soit, pas même ce travailleur.

La même logique commande que la compensation due à celui qui s'est privé englobe tous les résultats de cette privation, s'il y en a, de telle sorte que la récompense de la privation étant entièrement tirée de ses propres résultats et les contenant tous, son attribution à celui qui se l'est imposée ne saurait léser qui que ce soit, pas même celui qui s'est privé.

Or, dans le cas ici envisagé, la privation que le propriétaire des deux demi-troupeaux s'est imposée en n'abattant pas immédiatement ses têtes de bétail pour en vendre la viande ou la consommer, a été la cause déterminante de l'accroissement automatique des deux demi-troupeaux, car elle en fut la condition *nécessaire* et *suffisante.*

Nécessaire, car il est bien certain que cet accroissement automatique ne se serait pas produit si le troupeau initial avait été abattu, puis vendu ou consommé. *Suffisante,* car il a suffi que le possesseur de ce bétail s'impose la privation de ne pas l'abattre et le consommer ou le vendre pour acheter d'autres richesses à son choix, et satisfaire certains de ses besoins en souffrance, pour que, automatiquement, cet accroissement se soit produit.

Cet accroissement automatique est donc bien le résultat de la privation. Par conséquent, si la privation mérite une compensation parce qu'elle est pénible autant et même plus que le travail, cette compensation, par analogie avec celle accordée au travail, doit englober la totalité des résultats qu'elle entraîna, c'est-à-dire, dans le cas ici envisagé, la totalité des produits du demi-troupeau non travaillé et une part égale prélevée sur l'accroissement total du demi-troupeau travaillé ; et cela, conformément à la lettre du principe socialiste formulé sous cette légère variante : « A chacun le produit de sa peine sans prélèvement comme sans majoration. » Cette attribution peut même être considérée comme conforme à la lettre du principe socialiste tel qu'il est plus généralement formulé : « A chacun le produit de son travail sans prélèvement comme sans majoration » ; en effet, l'épargne n'est qu'une forme du travail, affirme Courcelle Seneuil dans un article paru sous ce titre dans le numéro de juin 1890, du *Journal des Economistes ;* et, l'épargne a effectivement les mêmes caractères distinctifs que le travail, car, comme lui, elle est pénible, et elle est pro-ductive comme lui.

Il est vrai que, par contre, Bagehot (*Econo-mies studies Growth of Capital*) nie qu'un troupeau (notez que tout le monde est infailliblement ramené à l'exemple typique du troupeau) représente une épargne quelconque et que son possesseur ait dû s'imposer une privation. Il prétend, au contraire, que grâce au lait et à la viande, il a été mieux nourri, et que, grâce à la laine et au cuir, il a été mieux vêtu. Mais il y a là une confusion manifeste entre les avantages que la possession d'un troupeau confère *à celui qui l'a déjà épargné* et la privation incontestable qu'il a dû s'imposer *pour l'épargner,*

Voilà les arguments que mon socialiste pourrait hardiment invoquer pour justifier, d'accord avec les principes socialistes, l'attribution au propriétaire collectif des deux demi-troupeaux de l'excédent de production en litige dans le demi-troupeau travaillé, après abandon aux éleveurs qui soignèrent ce demi-troupeau de toute la part de production due à leur travail. Et il pourrait aisément faire reconnaître à ces travailleurs que ce jugement, loin de les léser, les avantage, car devenus à leur tour possesseurs de 50 têtes, ils peuvent, en les faisant soigner par autrui, quittes à se livrer à d'autres travaux, bénéficier, comme nous l'avons vu de 3.200 têtes en 18 ans *sans travailler*, alors que le jugement qu'ils sollicitent ne leur permettrait pendant le même laps de temps de ne toucher *que* 2.800 *têtes en travaillant*.

Je crois donc que mon socialiste attribuerait l'accroissement automatique des deux demi-troupeaux au possesseur collectif de ces demi-troupeaux.

Mais, une fois entraîné dans cette voie, il ne serait plus libre de s'arrêter à mi-côte : il serait obligé d'admettre une à une toutes les conséquences qui découlent forcément de cette première concession qui lui fut arrachée par l'évidence.

Du fait qu'il aura reconnu que le possesseur d'un troupeau ou plus généralement d'une richesse vivante quelconque bénéficie de produits naturels qui s'ajoutent aux produits de son travail, il ne pourra pas soutenir que ce bénéfice doit intégralement lui rester, car ce serait admettre, en faveur d'une seule classe de la société, un privilège contraire aux idées égalitaires des socialistes. Dès lors, il devra accepter comme bon tout ce qui tendra à répartir entre tous ce privilège en faveur de quelques-uns. S'il ne l'admettait pas, il commettrait la même erreur qui conduisit les physiocrates à la formule de l'impôt unique sur la terre et la réalité des faits renverserait son illusion comme elle renversa celle des physiocrates. Car l'intérêt des capitaux à titre individuel, que les socialistes condamnent, et qui aboutit pourtant à la répartition entre tous d'un avantage que la nature concède seulement à quelques-uns, n'a jamais été décrété mais s'est mis à jouer automatiquement. Une fois que vous avez admis qu'un troupeau ou toute autre richesse vivante donne un revenu automatique qui s'ajoute aux produits du travail, vous êtes obligés d'admettre tout le mécanisme de l'intérêt à titre individuel. En effet, vous ne pourrez pas empêcher que celui qui avance à autrui un troupeau réclame qu'il lui soit rendu non pas tel qu'il était au moment où il fut avancé, mais tel qu'il sera devenu au moment du remboursement, c'est-à-dire majoré de son accroissement automatique, car il reste indiscutablement, jusqu'à ce qu'il lui soit rendu, le possesseur du troupeau avancé. Cet accroissement automatique, il sera parfaitement en droit de l'exiger, il l'exigera sans vous consulter et il aura la possibilité de l'obtenir, car il en fera la condition *sine qua non* de l'avance que nul ne peut l'obliger à consentir ; de sorte que, pour peu que son solliciteur tienne à obtenir cette avance, il consentira, sans vous consulter également, à abandonner cet accroissement automatique, ce qu'il pourra faire tout en conservant le produit intégral de son travail.

Et d'ailleurs, y aurait-il un litige au moment du règlement de comptes et seriez-vous appelés à le juger que vous ne pourriez pas équitablement ne pas attribuer, ainsi que vous l'avez déjà fait dans le cas précédent, cet accroissement automatique au possesseur du troupeau, car le fait qu'il a été avancé par ce possesseur n'entame en rien ses droits: il en reste bel et bien possesseur pendant la durée de l'avance et jusqu'à ce que le troupeau lui ait été rendu.

Et, dès lors que vous aurez admis ceci, vous ne pourrez pas empêcher non plus que celui auquel on demandera une avance de numéraire, sachant que ce numéraire se peut échanger contre une richesse vivante qui fournira automatiquement un revenu en nature, ne renonce à cette possibilité pour consentir l'avance que si on lui accorde, en dédommagement, au moins une part de ce revenu auquel il devra renoncer. Il sera en droit de l'exiger, il l'exigera sans vous consulter, et il aura la possibilité de l'obtenir, car il en fera la condition *sine qua non* de l'avance que nul ne peut l'obliger à consentir ; de sorte que pour peu que son solliciteur tienne à obtenir cette avance, il consentira, sans vous consulter également, à abandonner cette part de revenu, ce qu'il pourra faire en gardant plus que le produit intégral de son travail, c'est-à-dire en se ménageant un avantage qui décidera de son consentement.

Et d'ailleurs, y aurait-il un litige au moment du règlement de comptes et seriez-vous appelé à

le juger que vous ne pourriez pas équitablement, si l'emprunteur a acheté des richesses vivantes avec la somme avancée, contester que
l'accroissement automatique de ces richesses vivantes revienne à celui qui a avancé la somme
ayant servi à les acheter, lequel reste possesseur
de ces richesses vivantes tant qu'il n'a pas été
remboursé de la somme qui servit à les acheter.
Et si l'emprunteur n'a pas acheté de richesses
vivantes mais qu'il en possède néanmoins, vous
devrez reconnaître qu'il aurait été contraint d'en
vendre pour obtenir la somme qui lui fut avancée, s'il ne l'avait pas obtenue, de sorte que son
prêteur peut être considéré comme le possesseur
des richesses vivantes dont la vente fut évitée et
a droit en conséquence au moins à une part de
leur revenu en nature. Et si l'emprunteur ne
possède aucune richesse vivante, ce dont vous
aurez quelque difficulté à vous assurer, vous
n'en devrez pas moins reconnaître que la somme
qui lui fut avancée lui permettait d'en acheter
et d'abandonner une part de leur accroissement
automatique tout en se ménageant un avantage
et que, s'il ne l'a pas fait, c'est qu'il a préféré
faire de l'argent avancé un autre emploi aussi
avantageux ou qu'il jugea tel, ce dont son prê-

teur n'a pas à supporter les conséquences. De sorte que, de déduction en déduction, vous serez peu à peu acculé à admettre tout le mécanisme de l'intérêt à titre individuel dont l'exigence et le consentement sont d'ailleurs si logiques que, dans la plupart des cas, ils s'obtiendront spontanément et par conséquent sans qu'il y ait de litige que vous soyez appelé à juger. La coutume d'exiger et de consentir un intérêt en cas d'avance doit donc s'établir spontanément — et c'est ainsi que les choses se passèrent, les lois n'ayant ensuite que sanctionné une coutume préétablie.

D'ailleurs, en prenant le problème à rebours, si vous admettez que toute richesse vivante procure à son possesseur des revenus en nature, vous n'allez tout de même pas décider que cet avantage, qui constitue en sa faveur un privilège incontestable, il a le droit de le conserver intégralement à son profit exclusif. Vous serez donc appelé à imaginer un système quelconque qui aboutisse à répartir équitablement entre tous cet avantage qui ne doit pas constituer un privilège en faveur de quelques-uns. Eh bien, vous ne trouverez pas de système plus rationnel que le mécanisme de l'intérêt à titre individuel, qu'il suffit de laisser jouer ; et non seulement ce système aboutit à une répartition équitable, mais encore cette répartition s'effectue entre un nombre de bénéficiaires de plus en plus grand, ce qui tend à atténuer de plus en plus ce privilège tout en le maintenant au profit de tous. Car l'intérêt, notez-le bien, n'est à proprement parler qu'une part de production que la nature a la bonté d'ajouter à la somme des produits du travail humain. Vous, socialistes, qui ne vous en doutez pas, vous condamnez cet avantage dont vous vous imaginez que certains sont seulement à même de bénéficier et vous proposez cette solution radicale : le supprimer. Supprimer l'intérêt, heureusement vous ne le pouvez pas, car qui vous donnera le pouvoir d'empêcher les richesses vivantes de croître et de se multiplier ? Supprimer le capital alors ? Et c'est bien là ce que vous visez, ne vous imaginant pas que vous voulez ainsi, selon une image d'une vérité saisissante, *tuer la poule aux œufs d'or*. Heureusement, vous ne le pouvez pas davantage ; comment feriez-vous pour supprimer toutes les richesses vivantes, alors que les humains s'alimentent exclusivement, avec des richesses vivantes ?

Du moment que l'intérêt n'est à proprement
parler qu'une part de production que la nature
daigne ajouter à la somme des produits du travail humain, vous n'allez tout de même pas
faire fi de cet avantage que vous devez à sa générosité et dont profitent toutes les classes, y
compris la classe ouvrière. Allez-vous interdire
à tel ouvrier économe de se monter, avec les éco-
nomies faites sur son salaire, un modeste poulailler, dans le but louable d'augmenter son
bien-être grâce aux produits naturels qu'il en
retirera ? Non, n'est-ce pas ? Eh bien, cet ouvrier
sera pourtant, dans le vrai sens du mot, un de
ces infâmes capitalistes que vous détestez et, si
vous voulez la suppression radicale du capital,
il vous faudra vous résoudre à détruire les volailles de son poulailler qu'il a péniblement éco-
nomisées sur les produits de son travail.

Ne croyez-vous pas qu'il serait plus rationnel,
au lieu de tuer la poule aux œufs d'or, de mettre
le plus grand nombre à même d'avoir sa part
de ces œufs d'or ? Eh bien, si vous voulez y arriver, vous ne trouverez pas de système plus rationnel et plus *équitable* que le mécanisme de
l'intérêt individuel ; ce système est le plus rationnel, car il s'est mis à jouer spontanément,

par la seule force des choses ; et il est le plus
équitable qui se puisse imaginer, car, pour profiter de cet intérêt, il faut et il suffit de s'imposer, sous forme de privation, une gêne analogue
à celle qui anoblit le travail.

*
* *

Mon socialiste m'objectera peut-être : Mais,
que devient notre doctrine si vous démolissez
l'axiome de Karl Max : « Seul le travail produit », qui en est toute la base, et si vous démolissez également la gratuité du crédit, faute de
laquelle, à en croire Proudhon, le socialisme ne
serait qu'un vain rêve ? A ceci je répondrai :
qu'avez-vous besoin d'un socialisme boche in-
venté par Karl Marx ? N'êtes-vous pas capable
d'imaginer un socialisme français ? A tort ou à
raison, vous jugez que la classe ouvrière est dé-
savantagée dans le système économique actuel.
Vous estimez que le capital se fait la part trop
belle, au détriment des travailleurs. Vous pouvez avoir raison, car si la théorie que je propose
démontre que l'intérêt est légitime et qu'il est
absolument indépendant des produits du travail, elle ne fixe pas quantitativement la part

qui revient au travail et celle qui revient au capital, ou du moins elle ne les fixe qu'en se ba-
sant sur des données hypothétiques et contes-
tables. *Mais ces deux parts peuvent très bien
être fixées, quantitativement et avec une préci-
sion rigoureuse.* Je prétends que vous avez la
possibilité, au moins dans un cas, d'évaluer rigoureusement la valeur réelle et intégrale d'une
journée de travail, et cela au moyen d'une expérience qu'il est possible, facile même de réaliser
sans grandes dépenses ou tout au moins moyennant des dépenses qui seraient entièrement récu-
pérées. Commencez donc par réaliser cette expérience que je vais vous soumettre, et quand vous
aurez exactement dosé quelle est la part qui revient au travail dans une profession déterminée,
vous n'aurez aucune peine à en déduire, par
analogie, toute une échelle des salaires avec une
exactitude certes moins rigoureuse que dans le
cas type, mais qui sera cependant suffisante si
vous tenez compte de tous les éléments qui
doivent entrer en ligne de compte dans la comparaison à établir entre les salaires de professions différentes.

Cette expérience, vous l'avez deviné, c'est
celle des deux demi-troupeaux. Il n'est pas né-

cessaire de la tenter sur une aussi grande échelle que celle que j'ai envisagée dans mon exemple hypothétique ; vous pouvez parfaitement limiter l'effectif de chacun des deux demi-troupeaux à 100 têtes par exemple, voire même à moins. Il n'est pas impossible de constituer les deux demi-troupeaux de façon à peu près identique (car l'identité absolue est irréalisable), eu égard aux âges, sexes et coût des animaux entrant dans la composition de chacun.

Vous enregistrerez le coût initial de chacun de ces deux demi-troupeaux, vous ferez travailler l'un et pas l'autre. Supposons que vous deviez embaucher 5 travailleurs pour les soins à donner au demi-troupeau qui doit seul être soigné. Un an après, vous revendrez les deux demi-demi-troupeaux, majorés de leurs accroissements respectifs, et vous ferez en sorte que ces ventes soient effectuées dans des conditions de temps et de lieu analogues.

Vous noterez le produit de la vente de chacun de ces deux demi-troupeaux, lequel, étant donné l'accroissement que vous constaterez inévitablement dans chacun d'eux, sera supérieur à son coût d'achat. Vous aurez ainsi récupéré le prix d'achat de chacun des deux demi-troupeaux, plus un bénéfice qui sera forcément plus grand dans le demi-troupeau qui fut travaillé que dans celui qui ne le fut pas. De chacun de ces bénéfices vous déduirez les prix de location de chacun des deux pâturages sur lesquels ils auront été placés, prix de location qui devront être sensiblement les mêmes si ces pâturages ont été à peu près identiques comme l'expérience l'exige ; il vous restera le bénéfice net de l'opération dans chacun des deux demi-troupeaux.

Vous n'aurez ensuite qu'à retrancher le bénéfice réalisé dans le demi-troupeau non travaillé de celui réalisé dans le demi-troupeau travaillé et vous aurez, aussi exactement qu'il est possible de l'obtenir, la valeur du travail fourni pendant un an par les 5 travailleurs qui furent chargés des soins à donner au demi-troupeau travaillé. Dès lors, il ne vous sera pas difficile d'en déduire la valeur d'une journée de leur travail. Et vous aurez récupéré le prix d'achat des deux demi-troupeaux, le juste prix du travail dépensé dans le demi-troupeau travaillé et même l'intérêt de la somme que vous aurez dû dépenser pour réaliser l'expérience, laquelle non seulement n'aura rien coûté, mais encore aura rapporté.

Et dès que vous aurez ainsi obtenu le coût aussi exact que possible de la journée de travail d'un éleveur, vous pourrez en déduire avec une exactitude sinon rigoureuse, du moins suffisamment approchée, le coût de la journée de travail d'une profession quelconque en tenant compte (et ceci devient votre affaire) de tous les éléments qui doivent être pris en considération lorsqu'il s'agit d'établir une échelle de salaires de différentes professions. Vous aurez au moins *une* base ferme, alors qu'actuellement vous n'en avez aucune.

Dès lors, trois cas peuvent se produire : ou bien l'échelle des salaires que vous aurez ainsi expérimentalement établie sera inférieure à celle actuellement pratiquée, ou bien elle lui sera égale, ou bien elle lui est supérieure.

Si l'échelle de salaires obtenue était égale ou inférieure à celle actuellement pratiquée, vous n'auriez plus le droit d'affirmer que les travailleurs sont spoliés par les capitalistes, et si vous persistiez à réclamer des augmentations de salaire, vous ne pourriez plus vous baser sur la formule : « A chacun le produit intégral de son travail sans prélèvement comme sans majoration », puisque vous auriez constaté expérimen-

talement que cette formule est amplement satis-
faite. Vous pourriez cependant demander que le
travailleur obtienne une part de bénéfice, en
plus du produit intégral de son travail ; mais,
dans ce cas, ce n'est plus son dû que vous reven-
diqueriez, mais une majoration, nullement due,
que vous solliciteriez. Ce que vous demanderiez,
ce serait la réalisation d'une formule qui, petit à
petit, fait son chemin et qui constitue à mon
avis la véritable solution de la question sociale :
l'association du travail et du capital.

Vous pourriez arguer que, du moment que
tous les capitalistes — rentiers, agriculteurs,
propriétaires, commerçants, industriels — réalisent sous le nom d'intérêts des bénéfices,
grâce à leur épargne ou à celle de leurs ascen-
dants, c'est vrai, mais grâce à une épargne
qui n'a pu être réalisée que parce qu'ils
disposaient de richesses supérieures à celles
qui leur étaient strictement nécessaires, il
est juste que la classe ouvrière, dont les salaires
sont insuffisants pour lui rendre l'épargne possible, réalise également un bénéfice sur le travail qu'elle fournit. Vous pourrez même ajouter que ceci semble d'autant plus équitable que
tous les bénéfices et profits sont prélevés sur la

part de production que la nature daigne ajouter à la somme des produits du travail humain et que la générosité de la nature ne doit pas profiter seulement à quelques privilégiés. Mais vous serez amené à reconnaître que cette prétention, qui sera basée sur des arguments d'ordre moral tout différents de ceux que vous invoquez à l'heure actuelle, doit être limitée de façon telle qu'un avantage marqué soit maintenu en faveur de l'épargne et constitue un stimulant suffisant pour continuer à y pousser, dans l'intérêt de tous.

———

Par contre, il se peut que le barème de salaires que vous avez expérimentalement établi soit supérieur à celui actuellement pratiqué. Dans ce cas, il sera prouvé que vos revendications étaient justes et leur bien-fondé sera démontré d'une façon si évidente que vous obtiendrez satisfaction sans aucune peine et sans avoir recours à la lutte de classes. Mais, en obtenant satisfaction, vous devrez rejeter comme une hérésie l'axiome de Karl Marx : « Seul, le travail produit », vous aurez instauré sur l'idée de l'association du travail et du capital un socialisme français qui ouvrira la voie à des réalisations que l'inexactitude du socialisme boche ne vous permettra jamais d'obtenir, car on n'a jamais raison contre l'évidence.

———

En tous cas, je crois avoir amplement réfuté l'explication de l'intérêt telle qu'elle résulte de la théorie socialiste.

Il est inexact que seul le travail produise,

Il est inexact que l'intérêt doive être prélevé sur des produits dus au travail du travailleur.

Il est inexact que la gratuité du crédit soit souhaitable, car l'intérêt est le stimulant nécessaire de l'épargne qui, étant pénible et productive au même titre que le travail, doit être récompensée comme lui.

———

J'avais signalé, en commençant la discussion de l'attribution de l'accroissement automatique des deux demi-troupeaux, qu'une troisième attribution pouvait être envisagée, qui me paraissait même particulièrement susceptible de sourire à un socialiste convaincu, et dont j'avais demandé à réserver la discussion. Cette troisième attribution consistait à confisquer l'accroissement automatique des deux demi-troupeaux au profit de la société tout entière, c'est-à-dire que le pouvoir représentant cette société, qui le percevrait, l'emploierait à couvrir toutes les dépenses d'ordre général actuellement couvertes par l'impôt. Cette troisième solution paraît à première vue assez séduisante. En effet, il semble juste que l'accroissement automatique des richesses vivantes, qui est un don de la nature, profite également à tous les humains et cette troisième solution constitue le meilleur moyen d'y aboutir.

Mais nous avons vu, au cours de la discussion précédente, que l'accroissement automatique des deux demi-troupeaux devait revenir aux possesseurs de ces deux demi-troupeaux qui, les ayant reçus en rémunération de travaux précédemment accomplis, les possèdent en toute propriété et ont ainsi droit à leurs produits s'il y en a. Attribuer maintenant cet accroissement automatique à la société tout entière, ce serait les frustrer de produits qui, en bonne justice, leur appartiennent. Que ce soit ou non au profit de tous, ils n'en seraient pas moins frustrés. Le principe : « A chacun le produit de son travail » serait violé à leur détriment.

Voyons quand même ce qui se produirait s'il en était décidé ainsi :

Pour que cette décision soit exécutée, il faudrait que fussent nationalisées non seulement toutes les terres, mais encore toutes les richesses vivantes sans aucune exception ; il faudrait, en un mot, que l'agriculture fût instituée en monopole d'Etat, et vous voyez d'ici la belle armée de fonctionnaires qui devrait être recrutée pour remplacer les paysans. Je laisse de côté les difficultés qu'une semblable révolution devrait surmonter, je la supposerai réalisable et réalisée.

Je tiens pour certain que dans un pays ainsi organisé, c'est-à-dire où toute entreprise agricole serait monopolisée au bénéfice de l'Etat, l'intérêt procuré à leurs possesseurs par tous capitaux à titre individuel serait supprimé, à la condition que ce pays fournisse des produits assez nombreux et assez divers pour pouvoir se suffire à lui-même, de manière à être suffisamment isolé du reste du monde pour que son système économique soit parfaitement autonome. L'inté-

rêt à titre individuel y serait supprimé, parce
que la possibilité d'échanger une richesse quelconque contre une richesse vivante n'existant
plus, l'argument sur lequel se fondent presque
exclusivement l'exigence et le consentement de
cet intérêt cesserait d'être valable. Il serait supprimé aussi parce que le fonds (intérêt et rente
proprement dits) dans lequel se puise actuellement l'intérêt à titre individuel serait capté par
le pouvoir. Pour s'en convaincre, il suffirait de
réaliser l'expérience sur une échelle modeste en
créant un phalanstère conformément à cet idéal,
c'est-à-dire conformément à l'idéal socialiste
qui, à en croire Proudhon, consisterait à réaliser la gratuité du crédit. Et pour obtenir cette
gratuité de crédit, il suffirait non pas de supprimer le capital *proprement dit*, mais de le natio-
naliser, c'est-à-dire de la capter au profit de tous.

A première vue, il semble bien que, dans une
société ainsi organisée, le bien-être total resterait
le même, car le total du fonds de richesses qui
doivent l'assurer comprendrait toujours la
somme des produits de tous les travaux, majo-
rée de la part de production due à la nature. Le
bien-être moyen de chacun y resterait donc
également le même, mais la répartition de bien-

être serait différente, et, selon la façon dont le pouvoir répartirait la part de production due à la nature qu'il encaisserait, il est probable que les inégalités de conditions existant actuellement entre les individus seraient très sérieusement nivelées, perspective bien faite pour réjouir des socialistes convaincus. Donc, si ce système était réalisé, le résultat en serait que la somme de bien-être resterait théoriquement la même, mais qu'elle serait répartie d'une façon plus égalitaire ; ce serait le résultat immédiat. Mais la prévoyance la plus élémentaire doit pousser à rechercher aussi quel avenir s'offrirait à une société ainsi organisée.

L'intérêt y étant supprimé, la récompense, partant la raison d'être de l'épargne n'y existerait plus. Chacun se contenterait d'y gagner au jour le jour de quoi satisfaire ses besoins immédiats, mais nul n'aurait intérêt à épargner, car l'épargne ne pourrait y être avantageuse. Dès lors, le désir de s'enrichir qui est le moteur de tout progrès économique ne fonctionnerait plus et la société ainsi organisée serait condamnée à rester indéfiniment stationnaire ; car, en supprimant l'intérêt, vous auriez supprimé du même coup le désir de s'enrichir. Et le gros bon sens

populaire le comprend tellement qu'intuitive-
ment il confond sous le même vocable le désir
de s'enrichir et l'intérêt ; c'est ce qu'il exprime
couramment en disant d'une opération qu'elle
est conforme à *son intérêt* lorsqu'il la juge susceptible d'augmenter la somme de ses richesses.

Donc, une société organisée selon le système
que je viens d'ébaucher pourrait supporter la
comparaison avec n'importe quelle société organisée d'après les principes actuels, si cette comparaison se faisait immédiatement après sa
transformation.

Mais si cette même comparaison se faisait
après 50, 100, 200 ou 500 ans, on constaterait
que le plus riche individu de la société d'organisation socialiste ne jouirait pas d'un bien-être
aussi grand qu'un simple ouvrier de la société
qui s'en serait tenue à l'organisation actuelle.

Admettez que l'expérience ait été tentée il y a
mille ans, par exemple, et représentez-vous un
habitant de cette terre socialiste « qui se trou-
verait tout à coup transporté dans l'appartement
d'un de nos artisans, chez un bottier, un serru-
rier, un tailleur de nos jours : en voyant des
vitres à ses croisées, en apercevant sur la chemi-
née une pendule, et derrière la pendule une

glace répétant la chambre entière ; en observant que les murs de son appartement sont couverts de peintures élégantes qui ne sont autres que des papiers, et parmi ces ornements des gravures encadrées dans des bordures d'or, et beaucoup d'autres superfluités, ne pensez-vous pas qu'il dirait dans son cœur : « On m'a transporté chez un des princes du pays ? » et lorsqu'il verrait, sur la femme et sur les enfants de cet artisan, des vêtements d'une fine étoffe de coton et des rubans de soie, lorsqu'il apercevrait des meubles en bois d'acajou apporté d'un monde dont il ne soupçonnait pas même l'existence, lorsqu'il verrait consommer du sucre, du café, du poivre, et d'autres produits venus de plusieurs milliers de lieues, lorsqu'il serait ébloui par une lampe qui répand autant de clarté à elle seule que plusieurs flambeaux, il jugerait pour le coup que notre artisan » (1) jouit d'un bien-être qu'il ne soupçonnait même pas.

(1) Ce passage est la reproduction d'un passage de J.-B. SAY, dans lequel il invite son lecteur à se représenter un habitant de Lutèce tout à coup transporté dans l'appartement d'un des artisans de son époque. Cet habitant de Lutèce serait plus surpris encore s'il était transporté chez un artisan de nos jours ; J.-B. SAY le serait d'ailleurs lui-même, car l'artisan de nos jours jouit d'une quantité de commodités qui étaient ignorées de son temps. Or, une société qui au-

Car le verre, les horloges, les glaces, les papiers peints, la gravure, la dorure, les métiers à tisser, les bateaux à vapeur, le gaz, l'électricité, toutes choses inconnues il y a mille ans, commencèrent par être des industries de luxe dont l'apparition ne fut possible que grâce à la grande inégalité des conditions qui permit à des entrepreneurs de disposer de capitaux suffisants pour tenter la création d'entreprises nouvelles avec l'espoir de s'enrichir ; et grâce à la même inégalité de conditions qui permettait aux créateurs de ces entreprises de compter sur des gens assez riches pour constituer une clientèle de départ à ces nouvelles industries qui furent toutes à l'origine des industries de luxe, et dont petit à petit les gens les plus modestes devinrent à leur tour des clients. Dans une société organisée depuis mille ans selon l'idéal socialiste, c'est-à-dire sans intérêt, le crédit y étant gratuit, jamais nul n'aurait pu réunir les fonds nécessaires pour tenter de créer ces nouvelles industries. Car, qui aurait consenti, pour prêter ses fonds, à courir le risque de n'être pas rem-

---

rait été organisée conformément à l'idéal socialiste, c'est-à-dire avec la gratuité du crédit, du temps de Lutèce, serait restée au même point depuis.

boursé si l'entreprise ne réussissait pas, contre le
maigre espoir d'être juste remboursé sans majoration si l'entreprise avait la bonne fortune de
réussir.

Eh bien, si une société était constituée de nos
jours selon l'idéal socialiste, c'est-à-dire avec la
gratuité du crédit, cette société serait pareillement condamnée à ne pas progresser, parce que
l'intérêt, qui est le levier de tout progrès économique, cesserait d'y fonctionner. De sorte que
les membres de cette société, peut-être plus également heureux à l'origine, seraient après cent
ans, deux cents ou mille ans, plus malheureux
que le plus humble sujet d'une société dans
laquelle le système économique actuel aurait été
intégralement maintenu.

Et ceci mérite surtout d'être envisagé à une
époque où les progrès se réalisent avec une ra-
pidité singulière ; on a réalisé depuis 100 ans,
et même depuis 50 ans, des progrès économiques
d'importance telle qu'on est en droit de se demander quelles surprises nous réserve l'avenir
immédiat. C'est-à-dire que la discussion de cette
troisième attribution me raffermit dans les conclusions auxquelles m'avait conduit la discussion des deux autres.

Je pense avoir démontré qu'aucune des théories jusqu'ici proposées pour expliquer le mécanisme de l'intérêt n'était acceptable, et j'ai ainsi suffisamment déblayé le terrain pour pouvoir démontrer définitivement que celle que j'ai proposée doit être acceptée.

CINQUIÈME PARTIE

CONCLUSIONS

CHAPITRE XIV

Me voici arrivé à la fin de cette étude, et j'admets parfaitement que certains de mes lecteurs hésitent à admettre toutes mes conclusions tant elles heurtent les idées généralement admises. L'un des buts que je viscrai dans cette conclusion sera de convaincre ces lecteurs encore hésitants.

* * *

Dans la théorie que je viens de développer, il y a bien une partie que je considère comme définitivement établie ; c'est celle ayant trait au revenu automatique des richesses vivantes. A quiconque ne l'admettrait pas, je ne pourrais que conseiller la réalisation de mon expérience des deux demi-troupeaux, et je ne suis nullement inquiet sur ses résultats.

Par contre, en ce qui concerne l'autre partie, celle relative au revenu procuré par les autres richesses capitalisées, je l'ai bien justifiée par un raisonnement, déduit des conclusions de la première partie et que je me suis efforcé de conduire très scrupuleusement, mais je reconnais qu'un raisonnement reste toujours contestable tant qu'il n'est pas appuyé de preuves. J'ai bien fourni un commencement de preuve en établissant que si mon raisonnement est exact, l'intérêt doit fatalement baisser d'une façon graduelle et continue, et qu'il en est bien ainsi puisque la baisse graduelle et continue de l'intérêt est une loi constatée (constatée, mais non démontrée, ne l'oublions pas!) Mais on peut m'objecter qu'il n'est pas impossible que cette loi de la baisse de l'intérêt comporte une autre explication, *encore à trouver*, de sorte qu'il n'y a pas là une preuve concluante. Je le reconnais impartialement, bien qu'en bonne logique le fait de refuser l'explication que je donne de la baisse de l'intérêt implique l'obligation de la remplacer par une autre, meilleure, qui, jusqu'à présent, n'existe pas.

Pour convaincre mes lecteurs, je commencerai par réfuter une à une toutes les objections qui m'ont été opposées et toutes celles que je prévois comme pouvant m'être opposées.

Je décomposerai ensuite toute la théorie que j'ai développée en une série de quelques propositions et, pour chacune d'elles, je placerai le lecteur hésitant en face de ce dilemme : ou bien accepter la proposition, ou bien accepter toutes les conséquences qui résultent nécessairement du refus de l'admettre. Et je pense que lorsqu'il connaîtra toutes les conséquences de ce refus, conséquences que je lui ferai toucher du doigt, il n'hésitera plus.

1° RÉPONSE AUX OBJECTIONS QUI M'ONT ÉTÉ OPPOSÉES

Toutes les objections qu'on m'a jusqu'ici opposées sont basées sur un seul argument : l'argument d'autorité.

On s'est attaqué principalement au choix de mes définitions du capital et de l'intérêt qui ne s'accordent pas avec les définitions classiques.

On m'a même reproché d'avoir critiqué, en la donnant comme classique, une définition du capital qui ne le serait pas. Je veux tout de suite avoir raison de cette dernière critique, car je ne veux pas être accusé d'avoir faussé la définition classique pour pouvoir la critiquer plus aisément. Je rappelle que la définition que j'ai donnée comme classique est celle qui considère comme capital *toute richesse employée à produire d'autres richesses*. J'estime que c'est bien là la définition classique, car c'est celle qui est donnée comme telle par M. Gide, professeur d'économie sociale à la Faculté de Droit de Paris (1) et par M. de Beauregard, professeur d'économie politique à la même faculté (2). Or,

---

(1) M. GIDE, dans ses *Principes d'Économie politique*, enseigne que les richesses se classent en deux catégories. La première comprend les biens de consommation. « Mais, derrière cette première catégorie de biens, nous en voyons beaucoup d'autres qui, par eux-mêmes, sont impropres à nous procurer aucune jouissance *et qui ne servent qu'à produire précisément les biens de cette première catégorie.* — Ils n'ont été faits que pour cela : instruments et machines, véhicules, fabriques, fermes, routes, ponts, charbon, matières premières et *tout produit en cours de transformation mais non encore parvenu à son état définitif.* C'est à cette seconde catégorie que l'on réserve le nom de *capitaux.* »

« Toutefois, il ne faut pas comprendre dans cette seconde catégorie la terre et les agents naturels, puisqu'ils constituent un facteur originaire de la production qui ne doit pas rentrer, sous peine de confusion,

quelles définitions pourraient être considérées comme plus classiques, que celles qui sont couramment enseignées à la Faculté de Droit de Paris ?

Voyons maintenant les autres objections qu'on a faites contre le choix de mes définitions : toutes sont identiques dans le fond et ne se différencient que par la façon dont elles sont formulées.

On m'a reproché :

1° De poser des définitions qui ne sont pas orthodoxes !

2° De fausser la signification habituelle des mots « capital » et « intérêt » en les réservant aux richesses vivantes et à leur accroissement automatique ;

3° De me laisser halluciner par la seule production biologique ;

______

sous la rubrique du capital. La *caractéristique du capital, c'est d'être un produit, mais un produit qui sert à produire de nouvelles richesses,* ou, comme le dit brièvement et élégamment M. de BŒHM-BAWERK, *une richesse intermédiaire.* »

(2) Quant à M. DE BEAUREGARD, voici comment, dans ses *Eléments d'Economie politique,* il définit le capital : « *Définition du capital. —* Le capital n'est donc autre chose que la richesse en fonction de reproduction, *la richesse employée à produire d'autres richesses.* »

4° D'attribuer aux richesses vivantes le mérite d'une productivité qui revient en réalité à la nature.

Il suffit de bien examiner ces reproches pour reconnaître qu'ils ne constituent qu'une seule et même critique qui vise uniquement le choix de mes définitions, auxquelles on fait le reproche de n'être pas « orthodoxes ».

De sorte que, comme une définition n'est « orthodoxe » que lorsqu'elle émane d'une source autorisée, une vérité, d'après mes contradicteurs, aurait besoin, pour être admise, d'être patronnée par une autorité. Pour ma part, je récuse l'argument d'autorité, car j'estime que la valeur d'une idée ne dépend à aucun titre du plus ou moins de notoriété de celui qui l'a émise ; admettre le contraire, ce serait s'interdire toute possibilité de progrès ; toutes les découvertes importantes furent accomplies par des inconnus, car ce furent généralement ces découvertes qui les firent connaître, ce qui prouve bien qu'ils étaient inconnus auparavant.

1° *Mes définitions ne sont pas orthodoxes,* d'accord | Mais qu'importe, si elles me permettent d'établir une théorie de l'intérêt qui se tient, alors que les économistes eux-mêmes reconnaissent que les théories établies sur la base des définitions orthodoxes ne sont pas satisfaisantes ?

D'ailleurs, c'est une constatation digne de remarque que les quatre théories de l'intérêt jusqu'ici proposées raisonnent sur des capitaux types dont aucun ne répond à la définition classique du capital : toute richesse employée à produire d'autres richesses.

En effet, pour la théorie de la productivité, le type du capital par excellence, ce serait la terre. Or, Gide écrit : « Il ne faut pas considérer comme capitaux la terre et les agents naturels, puisqu'ils constituent un facteur originaire de la production, (le facteur nature !) qui ne doit pas rentrer, sous peine de confusion, sous la rubrique du capital. »

Pour la théorie du loyer, le capital type, ce serait la maison d'habitation ; or, Gide refuse également de la considérer comme capital productif. « Les maisons, par leur nature, écrit-il, ne sont que des objets de consommation, puisque, comme les vivres ou les vêtements, elles sont des produits définitifs et effectivement employés à satisfaire aux besoins de ceux qui y habitent. »

Pour la théorie psychologique et la théorie socialiste, le type du capital, ce serait l'argent ; or, l'argent ne répond pas du tout à la définition classique du capital — toute richesse employée à produire d'autres richesses.

Donc, si ma définition n'est pas orthodoxe, le même reproche peut être fait aux définitions utilisées par toutes les autres théories proposées jusqu'ici pour expliquer l'intérêt, beaucoup plus justement qu'à la mienne, car, à tout prendre, un troupeau et de la semence sont incontestablement des richesses employées à produire d'autres richesses, donc des capitaux, même d'après la définition orthodoxe.

2° *On me reproche de détourner le mot « capital » de sa signification habituelle.*

On a répété assez souvent que chacun a le droit de définir à son gré les termes qu'il emploie, à la condition de s'en servir toujours dans l'acception rigoureuse qu'il leur a une fois donnée.

Cette prétendue liberté, qui me dispenserait de toute justification, je ne l'invoquerai pas, car, pour ma part, je me refuse à l'admettre.

Ce ne sont pas les économistes, mais bien l'usage qui fixe le véritable sens des mots, et

chacun, par la suite, est bien obligé de s'y soumettre sous peine de n'être pas compris. Si les
mots avaient deux significations différentes,
l'une pour les savants et l'autre pour le vulgaire,
les spéculations scientifiques seraient dénuées de
toute utilité, car leur utilisation est subordonnée
à leur vulgarisation, et, pour vulgariser, il faut
parler le même langage que le vulgaire. Nul n'a
le droit de détourner un mot de sa signification
habituelle.

Donc, il n'y a pas obligation pour moi d'attribuer au mot capital la même signification que
les économistes, mais il y a obligation, pour les
économistes comme pour moi, de ne pas détourner le mot capital de son sens véritable, lequel
n'est autre que son sens habituel.

Or, en ce qui me concerne, je me défends
d'avoir détourné le mot capital de sa signification habituelle ; je conçois le capital absolument
comme le commun des mortels le conçoit,
puisque je le définis : « Toute richesse qui procure des revenus à son possesseur indépendamment du travail de ce possesseur » et que,
pour le vulgaire, la caractéristique du capital,
c'est qu'on peut s'en faire des rentes.

Par contre, il est bien certain qu'il n'y a pas

concordance entre le sens habituel du mot capital et celui qui résulte de la définition classique :
« Toute richesse employée à produire d'autres richesses. »

Vous persuaderiez difficilement à un modeste ouvrier qui possède les quelques menus outils nécessaires à son travail qu'il est un capitaliste, sous prétexte que ces outils qu'il possède sont des richesses employées à produire d'autres richesses, donc des capitaux au sens classique du mot ; tandis que ce même ouvrier ne fera aucune difficulté pour se reconnaître capitaliste s'il possède quelques titres de rente lui procurant, sans travail aucun, des revenus qu'il n'a que la peine d'encaisser et qui, en raison de cette propriété caractéristique, répondent à la fois à ma définition du capital et à l'idée que lui-même s'en fait.

Il est vrai que, pour aboutir à la notion de capital dans le sens absolu, j'ai transposé cette définition du point de vue de l'individu dans celui de l'ensemble de la société qui, seul, convient réellement à l'économie politique en remplaçant le terme indéterminé « possesseur » par le terme « société ». Mais, tous les économistes reconnaissent la nécessité de cette transposition ;

voici comment M. de Beauregard s'exprime à ce
sujet :

« Le particulier qui agit et qui pense, en
tenant compte avant tout de ses intérêts propres,
est moins préoccupé des progrès de la production générale que de l'accroissement de la part
à lui revenir dans l'ensemble des richesses existantes ou en voie de création. La société, au contraire, est médiocrement intéressée à ce que tel
bien appartienne à l'un plutôt qu'à l'autre, tandis qu'il lui importe hautement que l'accumulation des richesses augmente constamment. *L'individu, pour distinguer parmi ses biens ceux
qui sont pour lui des capitaux, se place donc au
point de vue de la distribution des richesses,
alors qu'à l'égard de la société le capital ne doit
être envisagé qu'en tant qu'élément de la production.* »

Or, je n'ai fait rien autre qu'effectuer cette
transposition que M. de Beauregard estime
nécessaire, et elle n'a abouti qu'à restituer au
mot « capital » son sens étymologique dont on
l'a arbitrairement détourné, car capital, c'est
« cheptel », et cheptel signifie le troupeau prêté.

Au lieu que la définition classique — toute
richesse employée à produire d'autres richesses

— a détourné le mot capital de son sens habituel, car ce n'est pas ainsi que le commun des mortels le conçoit, l'a détourné également de son sens étymologique, et tout cela sans aucune utilité, puisque cette définition, de l'aveu même de ceux qui la fournissent, ne permet même pas de distinguer les richesses qui sont des capitaux de celles qui n'en sont pas.

Je signale cet aveu dans les *Principes d'Economie politique*, de Gide :

« Cette distinction entre ce qui est capital et ce qui ne l'est pas paraît très nette. Entre les deux catégories, il semble qu'il y ait une ligne de démarcation, un fossé, même un abîme. Cependant, ce n'est pas si simple que cela en a l'air.

« D'abord, il faut remarquer que beaucoup de choses possèdent des propriétés multiples, sont à double fin, en sorte qu'elles sont à cheval sur la ligne de démarcation et qu'on peut les classer, selon celle de leurs propriétés qu'on utilise, soit dans la première, soit dans la deuxième caté-gorie. *Un œuf est à la fois un germe et un aliment : il est donc capital si on utilise ses propriétés germinatives pour le faire couver, et objet de consommation si on utilise ses proprié-*

tés alimentaires pour le servir sur le plat (1). Le charbon est capital s'il sert à chauffer une locomotive, et objet de consommation s'il sert à chauffer les pieds.

« D'autre part, il n'y a aucun bien, même parmi ceux qui, par leur nature, ne peuvent servir qu'à la consommation personnelle et à l'agrément, qui ne puisse être vendu, loué, prêté, et, par là, ne puisse rapporter un revenu, un profit à son propriétaire. Or, *comme le fait de rapporter un revenu* est le trait caractéristique du capital, il faut donc reconnaître qu'il n'y a pas un seul bien qui ne puisse devenir un capital, si le propriétaire, au lieu de l'employer à ses besoins personnels, s'en fait un instrument de lucre. »

De même, M. de Beauregard, dans ses *Eléments d'Economie politique*, écrit : « Enfin, certaines richesses, en quantité assez restreinte d'ailleurs, forment un dernier groupe à l'égard duquel on ne peut plus se prononcer avec la même netteté.

———————

(1) Pour moi, un œuf est un capital, quelle que soit son utilisation, s'il contient un germe vivant, et ma définition est, à mon avis, d'une vérité supérieure, car elle envisage dans l'œuf un caractère intrinsèque, tandis que celle de M. GIDE n'y envisage qu'un caractère contingent.

« Ce sont les produits achevés dont nous pouvons nous servir pour satisfaire nos besoins d'entretien, mais qui se prêtent également à un emploi reproductif. Le charbon, par exemple, qui sert à nous chauffer, est indispensable à une foule d'industries ; la même voiture pourra aussi bien transporter des marchandises que des voyageurs, et le diamant lui-même est utilisé pour couper le verre ou forer le granit.

« *Pour chacun de ces objets, l'intention de celui qui le possède détermine seule s'il est ou n'est pas capital.* »

Les deux passages que je viens de citer reconnaissent expressément que la définition classique du capital ne permet pas de distinguer ce qui est capital de ce qui ne l'est pas. Et je fais remarquer au lecteur que M. Gide, en présence de cette difficulté à distinguer les capitaux des autres richesses, se laisse infailliblement ramener aux caractéristiques qui me servent à définir moi-même le capital, quand il déclare qu'un œuf est un capital si on utilise ses propriétés germinatives (capital proprement dit = germe vivant) et ne l'est pas si on le consomme, c'est-à-dire dès qu'il cesse d'être vivant ; et, plus loin, quand il reconnaît que le fait de rapporter un revenu est le trait caractéristique du capital, ce qui revient à admettre ma définition du capital à titre individuel.

3° *On me reproche de me laisser halluciner par la seule production biologique.*

C'est un économiste qui m'a fait ce reproche : non seulement je ne l'accepte pas, mais je retourne aux économistes le reproche inverse, et, à mon avis, autrement mérité, de ne pas souligner une différence aussi caractéristique au point de vue économique que celle qui distingue les richesses vivantes, qui, par elles-mêmes, sont incontestablement productives, des richesses non vivantes qui, par elles-mêmes, sont formellement incapables de produire quoi que ce soit.

Vous pouvez compulser n'importe quel traité classique d'économie politique, et vous constaterez que cette classification fondamentale des richesses en deux grandes catégories, les richesses productives d'une part et les richesses improductives de l'autre, n'est nullement marquée :

« Si je parviens, m'écrivait un économiste, à produire industriellement un œuf ayant toutes les propriétés nutritives d'un œuf naturel, en quoi en différerait-il au point de vue économique ? »

Je vais ici lui répondre : au point de vue, bien de consommation, je reconnais qu'il n'y aura pas la moindre différence entre l'œuf artificiel et l'œuf naturel. L'un et l'autre seront pareillement susceptibles de satisfaire le même besoin du consommateur. C'est pourquoi je considérerai votre œuf artificiel comme une richesse absolument au même titre qu'un œuf naturel.

Mais, au point de vue de leur provenance, je relève entre les deux œufs une différence notable : l'œuf artificiel est entièrement le produit d'un travail humain ; l'œuf naturel, qui se peut très bien obtenir sans intervention de travail humain, est, dans ce cas, le produit d'une poule vivante que j'appelle capital proprement dit, à cause de cette propriété caractéristique dont elle jouit : produire sans travail humain. C'est pourquoi je dis que l'œuf naturel est l'intérêt produit par la poule qui est un capital dans le sens absolu, tandis que l'œuf artificiel est le produit d'un travail.

Enfin, au point de vue de leurs propriétés économiques respectives, je relève entre les deux œufs une différence plus importante encore.

L'œuf naturel, s'il est couvé, pourra fournir un poussin, qui pourra devenir une poule, laquelle pondra et couvera à son tour, et ainsi de suite, tout cela sans qu'aucun travail humain soit indispensable. L'œuf artificiel en sera formellement incapable. C'est pourquoi je dis que l'œuf naturel, qui contient un germe vivant, est un capital dans le sens absolu du mot, alors que je refuse cette appellation à l'œuf artificiel, qui ne se distingue par aucune particularité d'une autre richesse quelconque.

* * *

D'ailleurs, il convient de remarquer que les économistes nous donnent du capital non pas une, mais deux idées qui, toutes deux, doivent être considérées comme également classiques ; or, si ma définition ne s'accorde pas avec les deux, ce qui lui est impossible vu qu'elles se contredisent mutuellement, du moins elle s'accorde merveilleusement avec l'une et c'est précisément, à mon avis, celle-ci qui est de beaucoup la plus importante.

Car, il ne faut pas l'oublier, d'après les économistes, le capital serait un facteur de la production distinct du travail qui en serait un autre. Or, les richesses vivantes répondent parfaitement à cette idée d'un capital intervenant dans la production indépendamment du travail et pour son propre compte. Les richesses vivantes sont incontestablement douées d'une productivité propre qui se surajoute ostensiblement à la productivité distincte du facteur travail. Par contre, les matières premières, les machines, les outils, toutes choses qui répondent à l'une des idées classiques du capital, celle qui résulte de sa définition, ne répondent pas du tout à l'autre, car elles ne sont pas douées de la moindre productivité indépendante de celle du travail. Les économistes n'ont donc pas à m'en vouloir si je m'écarte de leur définition, puisqu'eux-mêmes la contredisent.

Ils ont d'ailleurs parfaitement prévu qu'ils s'exposaient au reproche d'être en contradiction avec eux-mêmes ; car, après avoir affirmé que le capital est un facteur de la production distinct du travail, après avoir insisté en le qualifiant de capital « productif », ils reviennent sur ces déclarations pour les atténuer d'une façon telle qu'ils n'en laissent plus rien subsister. Toutefois, ils se gardent bien de les nier d'une façon catégorique, car au fond ils·y tiennent, et ont raison d'y tenir, et ne les atténuent qu'en raison des difficultés qu'ils éprouveraient à les justifier en les prenant à la lettre :

« Quand nous disons capital productif, expliquent-ils, il ne faut pas prendre ce qualificatif à la lettre. Cette espèce de force productive et mystérieuse qu'on est porté à attribuer au capital et qui lui serait propre, est une pure chimère qui, en réalité, n'existe pas. Non, quand nous disons qu'un capital est productif, par là il faut entendre simplement qu'il est un élément indispensable à la production. Et le fait qu'aucune richesse ne peut-être produite sans le secours d'une richesse préexistante, dès lors dénommée capital en raison de son emploi, est une loi économique d'une importance telle qu'on ne saurait trop l'exagérer (1).

Eh bien, je reproche aux économistes de nous inviter à prendre le mot « productif » dans un sens figuré. Le langage figuré, toléré en littérature, n'est pas du tout à sa place dans une discussion scientifique. Abstraction faite de toute *exagération*, il n'y a pas deux façons d'entendre

____

(1) GIDE, *Principes d'Economie politique.*

le mot « productif » : un capital est productif s'il produit et, s'il ne produit pas, il n'est pas productif.

Or, les richesses vivantes sont des capitaux, d'après la définition classique même, et ils sont productifs dans le sens littéral de ce mot. Il est donc inexact d'affirmer que la productivité des capitaux, dans le sens propre du mot, n'est qu'une chimère qui n'existe pas dans la réalité. Il existe des capitaux qui sont bel et bien productifs, et le nombre des richesses animales et végétales est bien trop grand pour qu'on ait décemment le droit de les considérer comme des exceptions négligeables. Donc, quand les économistes nous affirment qu'il n'existe pas de capitaux productifs au sens propre du mot, ils se trompent : première erreur matérielle.

Ensuite, il est inexact d'affirmer qu'une richesse ne peut pas être produite sans le secours d'une autre richesse préexistante. En effet, il est bien évident qu'à l'origine, les premières richesses que l'homme a produites le furent nécessairement sans le secours d'aucune autre, donc sans capital. Le capital tel que les économistes le définissent — toute richesse employée à produire d'autres richesses — n'est donc pas un élément indispensable à la production : deuxième erreur matérielle.

Et dès lors, si le capital n'est ni productif par lui-même, ni indispensable à la production, en quoi mérite-t-il le titre de facteur de la production que les économistes tiennent tant à lui conserver ?

Or, ils ont raison de vouloir lui conserver ce titre, comme s'ils sentaient qu'il le mérite sans pouvoir en faire la preuve. Mais ce titre de facteur de la production, le capital ne peut le conserver qu'en sacrifiant sa définition, et le sacrifice sera léger, car son manque de netteté la rend déjà inacceptable.

***

D'ailleurs, pour en finir avec ces trois objections, je consens, pour peu que le lecteur le désire, à renoncer complètement à l'emploi des mots « capital et intérêt ». Je le puis parfaitement sans que la théorie que j'ai développée soit aucunement modifiée ; et, dès lors, je crois qu'on ne peut pas contester que toutes ces objections qui s'attaquent uniquement au choix de mes définitions cesseront d'être fondées, puisque je renoncerai à ces définitions.

La théorie que j'ai développée se présentera, dès lors, de la façon suivante :

1° Toute richesse vivante croît et se multiplie automatiquement et cet accroissement automatique constitue, pour son possesseur, un revenu dont il bénéficie sans qu'il lui en coûte aucun travail ;

2° Toute richesse non vivante peut être échangée contre une richesse vivante qui procurerait un revenu à son possesseur. Ce dernier ne l'avancera donc à une autre personne que moyennant que celle-ci lui abandonne une part au moins du revenu que procurerait la richesse vivante contre laquelle elle se peut échanger. Et, réciproquement, celui à qui cette richesse est avancée et qui la peut également échanger contre une richesse vivante productive de revenus consentira à abandonner une part de ce revenu, puisqu'il le peut, pour peu qu'il le veuille, sans qu'il lui en coûte aucun travail. Cette exigence et ce consentement suffisent pour que toute richesse non vivante procure à son tour un revenu ;

3° Le revenu ainsi procuré par toute richesse

avancée est puisé dans le fonds constitué par l'accroissement automatique des richesses vivantes, de sorte que la proportion des richesses vivantes par rapport à l'ensemble des richesses baissant de plus en plus, le taux de ces revenus baisse lui-même de plus en plus.

Ce résumé prouve bien que j'aurais pu développer toute la théorie que je propose sans avoir à employer une seule fois les mots capital et intérêt et sans avoir par conséquent à les définir. Dès lors, toutes les objections qui visent seulement mes définitions tombent évidemment.

Le lecteur aurait peut-être fini par rétablir ces mots à leur place, mais, en tous cas, les objections que je viens de citer et de discuter ne pourraient plus être opposées à la théorie que j'aurais développée sans user des mots à la définition desquels elles s'attaquent seulement.

Reste la seule quatrième objection d'après laquelle j'attribuerais au capital une productivité dont le mérite revient en réalité à la nature. Eh bien, celle-là tombe aussi du même coup. Relisez le résumé que je viens de donner de ma théorie et vous constaterez qu'elle se concilie on ne peut mieux avec cette opinion qui veut que le revenu automatique des richesses vivantes provienne du facteur nature et non pas du facteur capital dont, d'ailleurs, je n'ai aucunement parlé ; seulement, je me demande ce que devient dans ce cas l'idée pourtant classique qui considère le capital comme un facteur de la production dont l'action se surajouterait à celle des facteurs nature et travail également retenus ?

CHAPITRE XV

2° RÉPONSE AUX OBJECTIONS QUE JE PRÉVOIS COMME POUVANT M'ÊTRE OPPOSÉES

L'accroissement automatique des richesses vivantes se compose de deux parts distinctes ; l'une due à la fécondité des richesses vivantes, que j'ai appelée l'intérêt proprement dit, l'autre due à la fécondité du sol, que j'ai appelée la rente du sol.

Dès lors, on peut se demander, et c'est là l'objection que je prévois, pourquoi je fonde le bénéfice exigé et consenti en cas d'avance d'une richesse quelconque sur la possibilité de l'échanger contre une richesse vivante pour profiter de sa fécondité et pas du tout sur la possibilité, également offerte et pareillement avantageuse, de l'échanger contre du terrain pour profiter de sa fertilité naturelle.

Je vais en donner les raisons :

1° La possibilité d'acquérir des richesses vivantes exista longtemps avant la possibilité d'acquérir du terrain, et pouvait donc seule être invoquée à l'origine.

En effet, dès l'époque pastorale, le troupeau existait déjà, produisait un revenu automatique et pouvait s'acquérir. Or, les premiers pasteurs, essentiellement nomades, abandonnaient un pâturage pour un autre, dès que leur troupeau en avait brouté toute l'herbe et ne se considéraient pas du tout comme les possesseurs des terrains qu'ils n'occupaient que passagèrement. Dans ces conditions, il va de soi qu'à cette époque, qui coïncide précisément avec l'origine de l'intérêt à titre individuel, le bénéfice exigé et consenti en cas d'avance ou de location d'une richesse quelconque ne pouvait être fondé que sur la possibilité d'acquérir et de laisser fructifier des richesses vivantes, et pas du tout sur celle, *qui n'existait pas encore*, d'acquérir du terrain pour profiter de sa fertilité naturelle. Et, du seul moment qu'il en avait été ainsi à l'origine, il devait continuer à être ainsi par la suite.

2° La possession d'une richesse vivante confère des avantages *plus apparents* que la possession d'un terrain.

En effet, la fertilité du sol, source de ce que j'ai appelé la rente, se traduit, comme la fécondité des richesses vivantes, source de ce que j'ai appelé l'intérêt, par des produits animaux ou végétaux dont on est naturellement porté à attribuer la paternité aux richesses vivantes dont elles sont issues et qu'elles reproduisent, plutôt qu'à la terre. En outre, si le concours du sol est aussi indispensable que celui du germe vivant à la multiplication des richesses vantes, le germe vivant joue cependant un rôle prépondérant et plus apparent, car seul il commande la nature des produits qu'on récoltera. Un même sol, doué de la même fertilité, produira des pommes de terre, du blé ou du bétail, selon qu'on y enfouira des pommes de terre, qu'on y sèmera du blé ou qu'on y fera paître un troupeau. Le rôle du germe vivant étant à la fois plus apparent et prépondérant, c'était donc plutôt sur lui qu'on devait être porté à fonder l'exigence et le consentement d'un bénéfice en cas d'avance. Et, en effet, c'est bien lui que vise Aristote, quand, pensant par là réfuter la légitimité de l'intérêt, il affirme que « l'argent ne fait pas de petits ».

3° La possession de richesses vivantes confère des avantages plus importants que la possession du sol.

En effet, le même terrain, rationnellement exploité, fournira chaque année un revenu sensiblement le même ; de sorte que celui qui conserverait pendant une certaine période ses récoltes annuelles, verrait sa richesse se développer *selon une progression arithmétique.*

Au lieu que le possesseur d'un troupeau qui, pendant une certaine période, s'abstiendrait d'abattre, verrait son troupeau s'accroître *selon une progression géométrique.* Et ceci donne une idée beaucoup plus exacte de la capitalisation et de ses avantages.

Pour ces trois raisons, je crois avoir eu raison de fonder l'exigence et le consentement d'un intérêt, en cas d'avance ou de location d'une richesse quelconque, sur la possibilité de l'échanger contre une richesse vivante qu'on laissera fructifier, et non sur la possibilité pareillement offerte, mais moins ancienne, et conférant des avantages moins apparents et moindres, de l'échanger contre du terrain pour profiter de sa fertilité.

Parmi les objections que je prévois comme pouvant m'être opposées, il en est une que je considère comme la plus importante et que, pour cette raison, je tiens à définitivement réfuter.

Cette objection, que je prévois, c'est celle consistant à me faire observer que nul ne songe, quand il prête ou emprunte de l'argent, qu'il a la possibilité de l'échanger contre des richesses vivantes qu'il laissera fructifier, alors que c'est presque exclusivement sur cette possibilité que je fonde l'intérêt à titre individuel.

Je la réfuterai en démontrant que l'accroissement automatique des richesses vivantes, du moment qu'il existe, suffirait à déterminer l'exigence et le consentement de l'intérêt, alors même qu'aucune des deux parties contractantes ne songerait à invoquer qu'il a la possibilité d'échanger la richesse avancée contre des richesses vivantes qu'il laisserait fructifier. Je pense que si vraiment j'arrive à démontrer cette proposition, cette objection ne pourra plus m'être opposée.

Les hommes furent successivement chasseurs, pasteurs et cultivateurs avant que *le premier produit manufacturé* soit offert sur marché. Ceci est unanimement admis, et l'admettre, c'est en reconnaître cette conséquence forcée : que lorsque ce premier produit manufacturé fut mis en vente, ce fut fatalement à un chasseur, à un pasteur où à un cultivateur qu'il fut offert et vendu.

Celui qui mit ce produit en vente dut naturellement essayer d'en obtenir un prix, le plus élevé possible, et, prévoyant des marchandages qui furent de tous les temps, commencer par demander un prix bien supérieur au prix minimum qu'il désirait obtenir, prix minimum représentant exactement le coût des matières premières et du travail dépensé. C'est ainsi seulement qu'il pouvait s'assurer la possibilité de consentir, au cours des marchandages, de nombreux rabais successifs, avant d'atteindre le prix minimum.

De son côté, le chasseur, pasteur ou cultivateur, à qui ce produit manufacturé fut offert, dut essayer de le payer le moins cher possible et commencer par offrir un prix bien inférieur à celui auquel il l'évaluait.

Mas le produit manufacturé ne contenant pas autre chose que le coût des matières premières et du travail dépensé, ce travail n'aurait pas été justement rémunéré si son vendeur n'avait pas obtenu le prix minimum qu'il s'était fixé. Tandis que le chasseur, pasteur ou cultivateur, payant avec l'argent retiré de la vente de richesses animales ou végétales, lesquelles contenaient, outre le produit de son travail, une part d'accroissement automatique n'ayant coûté aucun travail, pouvait consentir à payer plus que le juste prix, c'est-à-dire plus que le coût des matières premières et du travail dépensé, sans avoir pourtant à prélever quoique ce soit sur la juste rémunération de son propre travail.

Dans ce débat entre deux prétentions contraires — celle de l'acheteur désirant acheter le moins cher possible et celle du vendeur désirant vendre le plus cher possible — c'était donc cette dernière qui, logiquement, devait être soutenue avec le plus d'intransigeance et qui devait, par cela même, fatalement l'emporter. C'est-à-dire que le vendeur du produit manufacturé devait obtenir un prix supérieur, de si peu que ce soit, au remboursement des matières premières et du travail dépensé. Or, ce quelque chose obtenu en plus, ce n'est pas autre chose que l'intérêt du coût des matières premières et du travail qui ont dû être avancés. Et il a été obtenu sans que l'acheteur ni le vendeur aient pris en considération la possibilité de laisser fructifier des richesses vivantes, mais cependant en raison de l'accroissement automatique des richesses vivantes, argument qui a influé sans avoir à être invoqué, et c'était précisément là ce que je voulais démontrer.

CHAPITRE XVI

3° JUSTIFICATIONS

Du moment qu'on m'oppose l'argument d'autorité, je puis, bien que j'en conteste la valeur, invoquer moi aussi ce même argument d'autorité.

Pour justifier la partie relative au revenu automatique procuré par les richesses vivantes, je pourrais citer en entier les écrits des physiocrates et particulièrement de Quesnay, dont toute la théorie se basait sur ce principe que dans les seuls travaux agricoles (qui seuls s'exercent exclusivement sur des richesses vivantes), on retrouve, en plus du remboursement du travail dépensé, une part d'accroissement automatique qu'il appelait le produit net.

Je puis également citer cette phrase d'Adam Smith : « Dans l'agriculture, la nature travaille conjointement avec l'homme, et sa part représente souvent le tiers et jamais moins du quart du produit total. »

Pour justier la partie ayant trait au revenu procuré par une richesse quelconque dès qu'elle est avancée, je citerai ce passage de la *Défense de l'usure*, de l'économiste anglais Jérémie Bentham, qui contient, en raccourci, toute la théorie que j'ai développée.

« Il arriva qu'Aristote, ce grand philosophe, avec tout son talent et toute sa pénétration, et malgré le grand nombre de pièces d'argent qui avaient passé par ses mains (nombre plus grand peut-être que celui qui ait jamais passé avant ou depuis dans les mains d'aucun philosophe) et malgré les peines toutes particulières qu'il s'était données pour éclaircir la question de la génération, ne put parvenir à découvrir dans aucune

pièce de monnaie quelque organe qui la rendit
propre à en engendrer une autre. Enhardi par
une preuve négative de cette force, il s'aventura
à donner au monde le résultat de ses observa-
tions, sous la forme de cette proposition univer-
selle que, de sa nature, tout argent est stérile.
Vous, mon ami, sur qui la saine raison a beaucoup plus d'empire que l'ancienne philosophie,
vous aurez déjà remarqué, sans doute, que ce
que l'on aurait dû conclure de cette observation spécieuse, s'il y avait lieu d'en conclure
quelque chose, c'est qu'on essayerait vainement
de tirer 5 % de son argent, et non pas qu'on
ferait mal si on parvenait à en tirer ce profit.
Mais ce fut autrement que les sages de l'époque
en jugèrent.

« Une considération qui ne s'est point présentée à l'esprit de ce grand philosophe, et qui, si
elle s'y fût présentée, n'aurait point été tout à
fait indigne de son attention, *c'est que bien
qu'une darique* (1) *fût aussi incapable d'engendrer une autre darique que d'engendrer un bélier ou une brebis, un homme cependant, avec
une darique empruntée, pouvait acheter un bé-*

____

(1) Monnaie d'or des anciens Perses, d'une valeur
de 18 fr. 50 environ.

lier et deux brebis, qui, laissés ensemble, devaient probablement, au bout de l'année, produire deux ou trois agneaux ; en sorte que cet homme venant, à l'expiration de ce terme, à vendre son bélier et ses deux brebis pour rembourser la darique, et donnant en outre un de ses agneaux pour l'usage de cette somme, devait encore se trouver de deux agneaux, ou d'un au moins, plus riche que s'il n'avait point fait ce marché. »

Je me rappelle mon désappointement lorsqu'il y a une dizaine d'années je tombai sur ce passage. J'avais eu l'occasion d'exposer devant un économiste la théorie que je viens de développer ; il l'avait trouvée séduisante, mais m'avait reproché son originalité, son caractère subversif par rapport aux idées admises. Quand je retrouvai dans Bentham cette même théorie en raccourci, j'eus l'impression qu'on m'avait volé mon idée, car son originalité m'avait été tellement reprochée à moi, que je croyais qu'elle était incontestablement mienne. Ce ne fut qu'après réflexion que je reconnus que cette rencontre avec Bentham devait augmenter ma confiance en l'exactitude de mes conclusions. La vérité est une, les chances d'erreur sont innombrables ; on a donc plus de chance de se rencontrer dans la vérité que dans l'erreur.

Ainsi on se dépense en vains efforts pour trouver au problème de l'intérêt une solution que Bentham a définitivement trouvée depuis plus d'un siècle. (La *Défense de l'usure* a été publiée en 1787.)

Mais son idée, au lieu d'être exploitée, est passée presque inaperçue et il est même amusant de voir avec quelle désinvolture les économistes actuels s'en débarrassent lorsque, par aventure, elle se place en travers de leurs raisonnements.

Voyez plutôt ce passage des *Principes d'Economie politique* de Gide :

« S'il est vrai que les moutons reproduisent d'autres moutons, comme le disait Bentham, pensant réfuter par là Aristote, ce n'est point du tout parce que les moutons sont des capitaux, mais tout simplement parce qu'ils sont... des moutons et que la nature a doué les êtres vivants de la propriété de reproduire des individus semblables à eux-mêmes. »

CHAPITRE XVII

4° DISCUSSION DES CONCLUSIONS OBTENUES

Dégagéé des parties accessoires telles que la discussion des définitions et la réfutation des autres théories, la théorie que je propose comprend en tout et pour tout deux parties, savoir :

1° La théorie de l'intérêt dans le cas du capital proprement dit ;

2° La théorie de l'intérêt dans le cas des capitaux à titre individuel.

Dans la première partie, en faisant abstraction de la signification que j'y attribue au mot capital dans le sens absolu, signification à laquelle j'ai renoncé une fois pour toutes pour faire tomber les objections qui s'y attaquaient, j'ai démontré la proposition suivante :

Première proposition. — « Les richesses vivantes croissent et se multiplient automatiquement et leur accroissement automatique constitue un revenu en nature dont leurs possesseurs bénéficient sans qu'il leur en coûte aucun travail. »

Cette proposition se peut décomposer en deux parties, la première étant : les richesses vivantes croissent et se multiplient automatiquement.

L'exactitude de cette première partie se peut constater tous les jours dans la vie courante. Toutes les espèces animales et végétales croissent et se multiplient automatiquement, indépendamment du travail humain ; et la preuve qu'il en est bien ainsi, c'est que les espèces animales et végétales nuisibles croissent et se multiplient comme les autres, non seulement sans concours du travail humain, mais encore malgré toute la peine que l'homme prend pour les faire disparaître.

Je considère donc cette première partie de la proposition comme évidente par elle-même et à celui qui la contesterait, je me bornerais à répondre : réalisez mon expérience des demi-troupeaux.

La deuxième partie de ma proposition c'est : l'accroissement automatique des richesses vivantes constitue un revenu en nature dont leurs possesseurs bénéficient sans qu'il leur en coûte aucun travail.

Une fois que l'évidence de la première partie est admise, il reste une seule chose à prouver : c'est que c'est bien le possesseur d'une richesse vivante qui bénéficie de son accroissement automatique.

Or, il est évident qu'avec l'organisation sociale actuelle, c'est le possesseur d'un troupeau qui bénéficie des produits de ce troupeau et le possesseur d'un terrain qui bénéficie des produits de ce terrain.

Toute la proposition à la démonstration de laquelle se borne la première partie est donc évidente par-elle-même.

Passons à la deuxième partie ; elle se peut décomposer en une série de propositions dont voici la première :

Deuxième proposition. — « Toute richesse, dès qu'elle est avancée ou louée, procure à son possesseur des revenus obtenus sans travail. »

Cette proposition est, elle aussi, évidente par elle-même ; nul ne peut contester que, dans le système économique actuel, toute richesse avancée ou louée procure à son possesseur des revenus obtenus sans travail. La seule chose qu'on puisse contester, c'est l'explication que j'en donne et à laquelle nous allons arriver, mais le fait en lui-même que toute richesse avancée ou louée procure un revenu est absolument incontestable.

Troisième proposition. — « L'exigence et le consentement du revenu ainsi procuré par toute richesse avancée ou louée sont fondés sur la possibilité de l'échanger contre une richesse vivante, elle-même productive de revenu. »

Cette proposition, je l'ai déduite des précédentes par un raisonnement que je me suis efforcé de conduire scrupuleusement, mais un raisonnement est toujours contestable.

De deux choses l'une : ou le lecteur admet cette proposition ou il ne l'admet pas ; s'il ne l'admet pas, il ne suffit pas qu'il la rejette en bloc et *a priori*, il faut qu'il désigne le point précis où mon raisonnement devient faux. Il faut ensuite qu'il remplace mon explication par une autre plus évidente, car, du moment que le revenu procuré par toute richesse avancée ou louée est un fait qui se constate journellement, ce fait comporte nécessairement une explication et, cette explication, il faut la trouver.

Or, comme j'ai réfuté les explications fournies par les quatre théories jusqu'ici proposées, aucune ne peut être donnée en remplacement de celle que je propose, à moins que mes réfutations de ces quatre théories ne soient elles-mêmes réfutées. Et pour cela, il ne suffit pas de les rejeter en bloc et *a priori* ; il faut me désigner le point précis où cesse d'être exact le raisonnement par lequel je les réfute.

Il faut donc, si on refuse d'admettre mon explication, en découvrir une nouvelle, puisqu'aucune de celles jusqu'ici proposées n'est valable.

Quatrième proposition. — « Le revenu procuré par toute richesse avancée est prélevé sur le fonds constitué par l'accroissement·automatique des richesses vivantes. »

De deux choses l'une, ou vous admettez cette proposition ou vous ne l'admettez pas ; si vous ne l'admettez, il ne suffit pas de la rejeter en bloc et *a priori*, mais il faut désigner le point précis où mon raisonnement devient faux. Il faut ensuite déterminer la provenance du revenu procuré par toute richesse avancée ou louée, car ce revenu existe et a une provenance qu'il faut nécessairement déterminer. Ici encore, les théories de l'intérêt actuellement proposées ne peuvent vous être d'aucun secours, car aucune ne s'inquiète de rechercher la provenance de l'intérêt. En outre, si vous n'admettez pas que ces revenus soient prélevés sur l'accroissement automatique des richesses animales et végétales, c'est-à-dire sur la seule part de production naturelle qui s'ajoute à la part de production du travail, vous serez acculé à admettre qu'ils sont prélevés sur la part de production due au travail. Croyez-vous que les travailleurs y auraient consenti, croyez-vous qu'ils continueraient à y consentir si, jusqu'ici, ils l'avaient fait comme ils se l'imaginent ? Non, si vous n'admettez pas mon explication de la provenance de l'intérêt, vous ne pouvez que le condamner et vous joindre aux travailleurs pour protester contre le prélèvement d'un intérêt sur la production de leur travail, car vous ne pouvez pas approuver ce que vous êtes acculé à considérer comme une spoliation des uns au profit des autres. En outre, si vous refusez d'admettre cette proposition, je vais vous placer, en discutant la suivante qui en est inséparable et que vous refuserez aussi, en face d'un dilemme autrement inquiétant.

Cinquième proposition (réciproque de la précédente). — L'accroissement automatique de toutes les richesses vivantes se répartit ainsi entre les possesseurs de toutes les richesses avancées ou louées de sorte que plus la production des richesses vivantes baisse par rapport à l'ensemble des richesses avancées ou louées, plus baisse aussi le taux de ces revenus.

Dans cette proposition, il y a trois choses : *un fait, son explication et ses conséquences.*

Le fait, c'est que l'accroissement automatique des richesses vivantes ne reste pas tout entier entre les mains des possesseurs de ces richesses vivantes, mais qu'il se répartit.

L'explication, c'est la réciproque de la proposition précédente avec laquelle celle-ci est donc solidaire : « Cette répartition se fait entre tous les possesseurs des richesses avancées ou louées. »

Les conséquences consistent dans la dernière partie, « de sorte que plus la proportion des richesses vivantes baisse par rapport à l'ensemble des richesses avancées ou louées, plus baisse aussi le taux de ces revenus. »

Le fait que l'accroissement automatique des richesses vivantes ne reste pas tout entier entre les mains des possesseurs de ces richesses vivantes peut être admis ou contesté. Mais si vous le contestez, c'est-à-dire si vous commettez la même erreur que les physiocrates en soutenant que l'accroissement automatique des richesses vivantes reste tout entier entre les mains des possesseurs de ces richesses vivantes, vous êtes acculé à accepter toutes les conséquences qui en résultent : si vous prétendez que les possesseurs des richesses vivantes, c'est-à-dire les agriculteurs, jouissent intégralement du privilège exclusif de voir un accroissement automatique de ces richesses s'ajouter à la part de production due à leur travail, part dont toutes les autres classes de la société doivent se contenter, dépêchez-vous de réclamer l'application de la formule de l'impôt unique sur la terre, car il est juste que ceux-là seuls auxquels vous reconnaissez le privilège de bénéficier de revenus en nature qui s'ajoutent chaque année aux produits de leur travail, supportent seuls aussi la charge de l'impôt.

Il faudra, en outre, expliquer comment la masse des humains est dépourvue de tout bon sens au point que, loin de se ruer vers la profession d'agriculteur qui jouit d'un privilège si important, elle déserte au contraire de plus en plus les champs pour la ville.

Peut-être au contraire admettez-vous que l'accroissement automatique des richesses vivantes ne reste pas tout entier entre les mains des possesseurs de ces richesses vivantes, donc se répartit, mais pas de la façon que j'indique. Dans ce cas, il faut réfuter l'explication que je donne de cette répartition en marquant le point précis où mon raisonnement devient faux : il faut, en outre, trouver une autre explication à cette répartition.

Il y a encore les conséquences : c'est un fait que le taux des revenus procurés par toute richesse avancée ou louée baisse de plus en plus. Si mon explication est tenue pour bonne, ce fait s'explique de lui-même, car il en est la conséquence naturelle. De sorte que rejeter mon explication implique l'obligation de fournir à la loi de la baisse de l'intérêt une autre explication qui n'a pas encore été trouvée.

En résumé, ce dont je voudrais que mon lecteur se rendît compte, c'est qu'il ne suffit pas qu'il rejette *a priori* et en bloc la théorie que j'ai développée sous le seul prétexte qu'elle heurte ses propres conceptions. Il faut qu'il la réfute en montrant le point précis où mon raisonnement cesse d'être exact, en désignant celle ou celles des propositions successives dont elle se compose qu'il refuse d'admettre, et en acceptant dans ce cas toutes les conséquences de son refus : s'il n'admet pas que l'exigence et le consentement du revenu procuré par toute richesse avancée ou louée sont fondées sur la possibilité de l'échanger contre une richesse vivante productive de revenu, il faut qu'il réfute le raisonnement par lequel je démontre qu'il en est ainsi, et il faut ensuite qu'il fournisse une autre explication meilleure. Il ne peut fournir comme telle les explications actuellement connues, théorie de la productivité, théorie psychologique, théorie du loyer et théorie socialiste, qu'en réfutant le raisonnement par lequel j'ai successivement réfuté chacune d'elles. Ou alors, il faut qu'il forge de toutes pièces une autre explication meilleure, car le fait que toute richesse avancée ou louée procure des revenus est incontestable, et ce fait nécessite une explication.

S'il n'admet pas que le revenu procuré par toute richesse avancée ou louée est prélevé sur le fonds constitué par l'accroissement automatique des richesses, il faut qu'il découvre une autre provenance à ces revenus ; or, dans ce cas, il sera acculé à reconnaître qu'il est prélevé sur les produits du travail ; alors, il faudra qu'il explique comment les travailleurs consentent à se laisser ainsi spolier, et il aura l'obligation

morale de protester avec eux contre cette spoliation, donc de réclamer la suppression du revenu
exigé et consenti en cas d'avance ou de location.

En outre, s'il n'admet pas que le revenu automatique des richesses vivantes, revenu dont
l'existence est incontestable, se répartit ainsi, il
faudra, ou bien qu'il soutienne qu'il reste tout
entier entre les mains des possesseurs de ces richesses vivantes, et alors qu'il explique comment la masse du public est assez peu clair-
voyante pour fuir une profession qui jouit d'un
pareil privilège. Il faudra, en outre, qu'il s'in-
génie à faire disparaître ce privilège, et il ne
trouvera pas de moyen meilleur que l'application de la formule de l'impôt unique sur la terre.

L'énormité même de ce paradoxe renversera
ses illusions comme elle renversa celle des
physiocrates ; ou bien il faudra qu'il explique
de quelle autre façon se répartit cet accroissement automatique des richesses vivantes, s'il
hésite à prétendre qu'il reste entre les seules
mains des cultivateurs qui commencent incontestablement par en bénéficier. Ce n'est pas tout,
il faudra ensuite qu'il trouve une autre explication que celle que j'en donne à la loi de la baisse
des revenus procurés par toute richesse avancée

ou louée, loi qui est bien constatée, mais qui ne fut jamais démontrée.

C'est ainsi que je conçois que la théorie que je propose puisse être rejetée et non pas sous ce seul prétexte qu'elle heurte les idées admises.

CHAPITRE XVIII

5° LES ENSEIGNEMENTS D'ORDRE PRATIQUE
QUI SE PEUVENT TIRER DE CETTE THÉORIE

Un jour que je venais d'exposer, dans ses grandes lignes, cette théorie à un camarade, il me posa à brûle-pourpoint cette question : « En admettant que tu aies raison, que tu aies trouvé la véritable explication de l'intérêt, à quoi cela servirait-il ? » J'avoue que cette objection me démonta. La découverte de vérités est le seul but des recherches scientifiques, et ce but me semble pleinement atteint dès qu'une vérité est découverte et démontrée. Le soin d'en rechercher les applications pratiques n'est plus du domaine de la science, mais du domaine de l'art. Or, tout récemment, d'autres personnes auxquelles le manuscrit de cette étude fut communiqué me déclarèrent, après en avoir lu les premières parties, que mes idées leur plaisaient et qu'ils les trouvaient justes, mais qu'ils attendaient avant de les juger définitivement de connaître les conséquences d'ordre pratique que j'en retirerais. Je me trouvais donc de nouveau en présence de cette même objection qui m'avait surpris plusieurs années auparavant. Je persiste, pour les raisons que j'ai déjà données, à croire que ce n'est pas à proprement parler une objection et qu'une vérité doit être jugée en soi, abstraction faite des conséquences, bonnes ou mauvaises, qui peuvent en résulter.

Toutefois, cette objection témoigne des préoccupations actuelles qui visent surtout dans chaque question le point de vue utilitaire ; elle est l'indice de la mentalité de notre génération, et comme il faut bien tenir compte de l'état d'esprit de ceux à qui l'on s'adresse, si on désire les convaincre, j'accepte d'y répondre ; ce sera même ma véritable conclusion.

***

Voyons d'abord les enseignements pratiques qu'on peut tirer de cette théorie au point de vue de l'économie domestique ou privée, puis au point de vue de l'économie nationale et sociale.

1° *Au point de vue de l'économie domestique ou privée.* — Si cette théorie est vraie, il est évident que tout individu a intérêt à s'adonner aux travaux agricoles, puisque ce sont les seuls dans lesquels une part de production naturelle s'ajoute à la part de production due au travail, ce qui constitue un privilège dont il est incontestablement avantageux de bénéficier.

J'ai bien dit, et je ne m'en dédis pas, que, par le simple jeu de l'intérêt à titre individuel, l'accroissement automatique des richesses animales ou végétales dont les cultivateurs commencent par bénéficier ne reste pas tout entier entre leurs mains, mais se répartit entre tous ceux qui leur consentent des avances soit directement, soit indirectement, comme c'est le cas chaque fois qu'ils achètent des marchandises dont le coût a dû être avancé. Mais il n'en reste pas moins vrai que le cultivateur qui s'arrangerait pour ne recevoir aucune avance et pour ne rien acheter conserverait cet accroissement automatique en entier. S'abstenir de recevoir toute avance et de contracter tout achat, c'est évidemment un idéal irréalisable, mais on peut tout au moins s'en rapprocher. Celui qui vivrait sur une terre lui fournissant à peu près tous les produits dont il aurait besoin, avec un excédent suffisant pour qu'il puisse l'échanger contre les quelques produits que sa terre ne lui fournirait pas, celui-là conserverait cet accroissement automatique à peu près en entier.

Tout individu a donc intérêt à s'adonner à l'agriculture, et comme tout le monde ne peut pas se transformer en agriculteur, quiconque est conduit par les circonstances à exercer une autre profession augmentera son bien-être à bon compte en consacrant quelques heures par jour à soigner une modeste basse-cour et à cultiver son jardinet. Tout logement ouvrier devrait comporter sa basse-cour et son petit jardin. Le moyen le plus sûr et le plus économique d'augmenter les salaires, c'est encore de s'arranger pour qu'une partie de ces salaires *se multiplie automatiquement*, et pour y arriver, il suffit de transformer cette partie en richesses vivantes.

2° *Au point de vue de l'économie nationale et sociale.* — Si cette théorie est exacte, le meilleur moyen de développer à bon compte la richesse de la nation, de l'humanité, c'est de favoriser l'agriculture pour la développer. Les travaux agricoles étant les seuls qui fournissent un accroissement automatique qui s'ajoute aux produits du travail, développer l'agriculture c'est s'arranger pour obtenir plus de produits à travail égal. Le développement de l'agriculture permet donc soit d'obtenir plus de richesses pour tous avec un même nombre d'heures de travail, soit d'obtenir le même nombre de richesses en diminuant le nombre des heures de travail.

3° *Au point de vue social.* — Après le point de vue économique, envisageons le point de vue social ; si les idées que j'ai développées sont exactes, le plus sûr moyen de mettre fin aux luttes sociales qui opposent les travailleurs aux capitalistes, c'est de répandre et de vulgariser ces idées. Le jour où on arrivera à convaincre les travailleurs que l'existence du capital, loin de les spolier, les favorise, ce jour-là les luttes sociales qui nous paralysent prendront fin. Or, est-ce si difficile que cela de les convaincre ? Nullement ; il suffirait qu'un philantrope consentît à réaliser, sous leur contrôle, l'expérience de deux demi-troupeaux, ce qui, du reste, ne lui coûterait absolument rien, car il récupérerait toutes les dépenses engagées, avec intérêt.

D'ailleurs, je ne prétends pas que quelque chose ne doive pas être tenté pour améliorer le sort des travailleurs. Tous les capitalistes, agriculteurs, industriels, commerçants ou rentiers, réalisent, sous forme d'intérêt ou autrement, des bénéfices. Ces bénéfices ne peuvent qu'être prélevés sur le fonds constitué par l'accroissement automatique des richesses vivantes. Pour s'en convaincre, il suffit de considérer que, dans tout échange, chaque co-échangiste estime que ce qu'il reçoit vaut mieux, vaut plus que ce qu'il donne, sans quoi il renoncerait à cet échange qui n'aurait pas de raison d'être. Or, ces jugements contradictoires, qui se formulent chaque jour devant nous, seraient complètement absurdes si on n'admettait pas que celui qui donne une richesse l'évalue à la quantité de travail qu'elle contient, tandis que celui qui la reçoit l'évalue à l'utilité qu'elle représente. Et cette dernière évaluation est plus forte, parce que l'utilité de toute richesse contient une part obtenue sans travail qui résulte précisément de la répartition entre toutes les richesses de la valeur de l'accroissement automatique des richesses vivantes.

Eh bien, il n'y a pas de raison pour que les salaires des travailleurs ne soient pas, eux aussi, augmentés d'un bénéfice qui s'ajouterait à la juste valeur de leur travail et qui serait prélevé, comme tous les bénéfices, sur le même fonds commun. Nous sommes ainsi ramenés à la formule de « l'association du travail et du capital », et je crois que ce serait encore mon expérience des deux demi-troupeaux qui, en permettant de doser exactement la valeur du travail dans un cas déterminé, fournirait le plus facilement des bases sérieuses pour la réalisation de cette nouvelle formule qui, petit à petit, fait son chemin.

Je crois avoir épuisé mon sujet. J'avoue, en terminant, que si j'ai une confiance absolue dans l'exactitude des idées que je viens de développer, j'ai beaucoup moins confiance dans la façon dont je les ai développées. Je souhaite seulement qu'elles tombent sous les yeux de quelqu'un qui, en sentant l'exactitude, les reprenne et les développe avec plus d'habileté que moi. Car toute vérité contient en elle-même une force qui, tôt ou tard, doit finir par triompher.

FIN

TABLE DES MATIÈRES

Imprimerie de l'Edition, 104, rue Didot, Paris (14ᵉ).